부부갈등과 행복

(부부 사랑은 결심이다)

부부갈등과 행복 (부부 사랑은 결심이다)

발   행 | 2022년 06월 1일
저   자 | 박안규

펴낸이   한건희
펴낸곳   주식회사 부크크
출판사등록   2014.07.15.(제2014-16호)
주   소   서울특별시 금천구 가산디지털1로 119 SK트윈타워 A동 305호
전   화   1670-8316
이메일   info@bookk.co.kr

책임편집 | 구립영등포시니어행복발전센터 X 전자책제작소 임정은
디자인 | 유나의 숲
마케팅 | 안나

ISBN   979-11-372-8357-2

www.bookk.co.kr

부부 갈등과 행복

박안규

BOOKK

부부 갈등과 행복

부부 사랑은 결심이다

박안규 지음

지은이 **박안규**

1956년 전북 김제의 농촌에서 태어나
전북대학교를 졸업하고 ROTC 학군장교로 근무했습니다.

28년간 사무기기 판매회사를 운영하다 IMF 사태와 막둥이가 태어나는 시점에 캐나다로 이민을 갔습니다. 적응하지 못하고 1년 만에 귀국하면서 아내와 성당에 다니기 시작했는데 우연히 ME(marriage encounter) 교육에 참여해 인생의 전환점이 될 만큼 깊은 깨달음을 얻게 됐습니다.

'받기보다 주는 것이 행복하다'라는 삶의 지혜를 터득하고 봉사활동을 시작해 지금까지 20여 년간 ME 교육 담당 팀 부부로 아내와 같이 활동하고 있습니다.
지금은 서울 근교에 마련한 작은 밭에서 주말농장을 하면서 여생을 여유롭게 그리고 건강하게 살고 있습니다.

Marriage Encounter! 혼인의 재발견이라는 프로그램이 있습니다. 가톨릭에서 운영하는 부부 교육 프로그램으로 결혼한 부부들이 혼인 생활을 다시 행복하게 할 수 있도록 도와주는 역할을 합니다.
이 프로그램은 2박 3일 동안 '피정의 집'에서 운영됩니다. 금요일 오후 7시에 부부가 함께 입소해서 일요일 오후 5시에 끝나기 때문에 'ME 주말 교육'이라고 칭하기도 하지요.

저희 부부는 이 단체에서 20여 년간 봉사활동을 하고 있습니다. 대부분 부부가 이 프로그램에 참여하면 신혼 때의 느낌으로 돌아가 행복을 되찾고 즐거워합니다.

프로그램에서 저희는 부부간에 서로 다름을 인정하지 않고 틀렸다고 다투거나 대화하는 방법을 모르고 갈등하는 것들을 깨우치게 돕습니다. 자기 자신의 잘못을 뉘우쳐 새로 거듭나는 부부 관계가 형성되도록 돕자는 취지입니다.

부부 관계가 좋아지면 아이들은 자동으로 관계가 좋아지고, 친인척과의 관계나 가까운 이웃과의 관계도 좋아지는 효과가 있습니다. 사람들과의 관계가 좋아지면 우리의 삶도 행복해집니다. 알지 못해서 오는 안타까운 사례들을 보면서 이 글을 쓰는 용기를 냈습니다.

이 책에 등장하는 사례는 저희 부부의 이야기입니다. 특별하지 않은 보통 사람들의 이야기로, 부부가 한 지붕 아래에서 살면서 겪은 소소한 이야기들을 담았습니다.
부부갈등으로 인해 힘든 가정생활에서 이 'ME 주말 교육'을 통해 저희처럼 다시 행복한 가정이 되었으면 하는 바람으로 이 책을 세상에 내놓습니다.

-2022년 6월 박안규-

목 차

제1장
느낌에는 윤리성이 없다.

1. 느낌 정의, 그리고 대화

이 장에는 자신의 느낌을 인식하고, 그것을 배우자에게 말해 주는 것이 얼마나 중요한가 하는 것을 알아보고, '느낌 대화'라고 하는 새로운 의사소통 방법을 통해 혼인 생활을 풍요롭게 하는 방법을 알아보겠습니다.

느낌의 정의에 대해서 말씀드리면, 느낌이라는 말은 일상생활에서 광범위하게 여러 가지 의미로 쓰이고 있지만, ME 교육에서 사용하는 '느낌'이라는 말의 정의는

"어떤 사람이나, 장소나 상황에 부닥쳤을 때,
또는 그것을 생각할 때 일어나는 자연적인 내적 반응"

을 말합니다.

마치 우리가 자동차 계기판의 빨간 경고등을 보면 이상이 있음을 순간적으로 인식하는 것처럼 느낌은 자연적으로 일어나는 내적인 정서적 반응으로서 거의 본능적인 수준의 감정입니다.

느낌의 주체는 내가 주인공이어야 하며, 마음속에서 일

어나는 '내적 반응' 즉 '희,노,애,락'을 나타냅니다.

느낌은 우리가 화장실을 들어갈 때와 나올 때의 느낌이 다르듯이 느낌은 처한 환경이나 상황에 따라 자주 일어나고 또 수시로 변합니다.

그래서 느낌은 내면에서 일어나는 자연스러운 반응입니다.

느낌은 수시로 변하고, 옳고 그름이 없습니다. 그러나 그 느낌으로 인한 행동에는 윤리성이 있습니다.

누군가가 나에게 모욕적인 말을 했을 때 화가 난다. 이것은 분노라고 할 수 있습니다.

사랑하는 사람과 이별했을 때는 슬프고, 만났을 때는 기쁩니다.

또 어두운 밤길을 혼자 갈 때는 두려움이 있습니다. 이렇게 느낌에는 긍정적인 느낌과 부정적인 느낌이 있습니다.

이렇게 느끼고 부부간에 대화하는 방법은 노트를 이용하여 글로 쓰고, 그 내용을 서로 보여주고 읽어본 뒤 마주 앉아 말로 대화합니다.

이때 주의할 점은 주인공은 상대방이 아니라 나 자신이라는 사실을 명심하십시오.

"나는 어떤 상황에서 이런 느낌을 받았다."라고 하는 그 느낌만을 서로 대화하는 것입니다.

이번에는 몇 가시 일상적인 느낌들에 대해서 말씀드리겠습니다. 사람들은 느낌을 분노, 슬픔, 기쁨. 두려움 등 크게 4가지로 구분합니다.

예를 들면, 매일 술을 마시고 들어오는 배우자를 보면 짜증스러운 느낌이 들고, 아이가 게임에만 열중하고 있을 때는 괘씸한 느낌이 듭니다.

배우자로부터 관심을 받지 못할 때는 고독한 느낌이 들고, 시한부 선고받은 친구 소식을 들을 때는 허망한 느낌이 듭니다.

또 혼인한 후 새 생명이 태어났을 때는 경이로운 느낌이 들고, 합격 소식을 들을 때는 뛸 듯이 기쁜 느낌이 듭니다.

사랑하는 사람이 큰 수술을 받을 때는 불안한 느낌이 들고, 밤늦도록 귀가하지 않는 아이를 기다릴 때는 무슨 일이 생긴 것은 아닌가? 초조하고 두려운 느낌이 듭니다.

여기서 경이로움, 기쁨 등이 긍정적인 느낌이라면 짜증스러움, 고독함, 불안함 등은 부정적인 느낌이라 할 수 있습니다. 느낌은 모든 상황에서 일어나며, 같은 상황에서도 서로 다른 느낌이 들 수 있습니다.

예를 들어 보겠습니다.
저는 아내와 둘만의 휴가를 계획할 때 저는 새로운 경치를 보면서 맛있는 음식도 먹고, 일상의 스트레스를 날릴 수 있다는 생각에 설레는 느낌이 듭니다.
그러나 아내는 여행하는 동안 아이들이 혹시 아프지는 않을지, 밥은 잘 챙겨 먹을지, 이런저런 걱정에 불안한 느낌이 든다고 합니다.

저는 식당에서 주문한 음식이 나오지 않아 오래 기다릴 때는, 손님으로서 대접받지 못하고 있다는 생각에 짜증스러운 느낌이 듭니다.
그러나 아내는 주문한 음식이 빨리 나오지 않을 때는 바쁜 모양인데 순서가 되면 나오겠지 하며 대화할 시간이 주어진 것 같아서 여유로운 느낌이 든다고 합니다.

저는 또 갑자기 누군가 소리 지르는 것을 들었을 때는 신나는 공연이라도 시작되었는지 기대가 되는 느낌입니다. 그러나 아내는 누군가 흥분하여 소리 지르는 것을 들을 때, 혹시 우리에게 해를 끼치지는 않을지 불안하고 초조한 느낌이 생긴다고 합니다.

저는 상대가 중요한 약속에 늦게 왔을 때는, 제 시간을 허비하게 되고 상대에 대한 믿음도 깨져서 실망스러운 느낌이 듭니다.

그러나 아내는 상대가 약속에 늦을 때, 중요한 일인데 혹시라도 오지 않으면 어쩌나? 걱정스럽고, 그나마 늦게라도 와 주었으니 다행스러운 느낌이 든다고 합니다.

2. 의사소통의 종류

이번에는 의사소통의 종류에 대해서 말씀드리겠습니다. 먼저 머리로 하는 의사소통이 있습니다. 개념이나 가치, 생각, 정보 등이 이에 해당합니다.

또 느낌으로 하는 의사소통이 있습니다. 마음이나 본능, 몸으로 경험하는 느낌들입니다.

그러면 머리로 하는 의사소통인 "생각"과, 마음으로 하는 의사소통인 "느낌"이 어떻게 다른지 구별하는 방법에 대해서 말씀드리겠습니다.

먼저 느낌입니다. 느낌의 주체는 "나"로써 "나는 ____을 느낀다. 와 "나는 ____하다"를 동시에 쓸 수 있어야 합니다.

느낌의 예를 들어 보겠습니다.
"나는 즐거움을 느낀다."라는 말은 즐거움을 느끼는 주체가"나"로서 "나는 즐겁다."라고 쓸 수 있습니다. 또 "나는 슬픔을 느낀다."라는 말도 슬픔을 느끼는 주체가 나"이므로 나는 슬프다."라고 쓸 수 있습니다.

그러나 문장에 느낀다! 라는 단어가 들어간다고 해서 모두 느낌을 나타내는 것은 아닙니다.

가령 "나는 ＿＿＿라고(같이,하다고) 느낀다! 에서"나"와 "느낀다! 사이에 다른 사람이나 대상 즉 2인칭이나 3인칭이 들어가면 그것은 느낌이 아니라 생각입니다.

생각의 예를 들어 보겠습니다.
"나는 당신이 바보 같다고 느낀다."에서 '나'와 '느낀다!' 사이에 '당신'이라는 2인칭이 있습니다. 이 문장에서 내가 바보 같은 것이 아니라, 당신이 바보 같다고 내 생각을 나타낸 것으로서 "나는 당신이 바보 같다고 생각한다."라고 쓸 수 있습니다.

다른 예를 들어 보겠습니다.
"나는 당신이 화가 났다고 느낀다."에서 '나'와 '느낀다!' 사이에 '당신'이라는 2인칭이 있습니다. 여기서도 내가 화가 났다고 느끼는 것이 아니라, 당신이 화가 났다고 느낀다는 내 생각을 나타낸 것으로서 이 문장도 "나는 당신이 화가 났다고 생각한다."라고 쓸 수 있습니다.

이처럼 생각은 "나는 ＿＿라고 느낀다."를" 나는 ＿＿라고 생각한다." 로 쓸 수 있습니다.

또한 부적절한' '거부당한' '죄스러운' 이란 단어들은 느낌이 아니라 판단을 나타낸 것입니다. 우리는 보통 일상적 대화에서 생각이나 개념, 정보 등은 나누지만 느낌은 잘 나누지 않습니다. 잘 한번 생각해보십시오.

자녀 걱정이나 직장, 집안일 등을 생각했다면 생각을 쓴 것이고, 설렘, 두려움, 불안함 등을 쓰셨다면 느낌을 쓴 것입니다.

우리는 느낌 나누기를 두려워합니다.
또한 우리는 긍정적인 느낌은 좋은 것이고, 부정적인 느낌은 나쁜 것이라는 가치 판단 때문에, 부정적인 느낌은 더욱 드러내기를 꺼립니다.
그래서 부정적인 느낌이 들 때, 도덕적인 관점에서 그것을 받아들이기가 어려워서 자신에게조차 숨기려는 경향도 있습니다.

또 유교적 문화 등 자라온 환경의 영향으로 느낌을 억압하여 느낌을 표현하는 데 익숙하지 못합니다.

친밀한 의사소통에서는 느낌으로 우리 자신을 나타냅니다. 대화를 풍요롭게 하려면 자신의 느낌을 알아내고 나누기입니다.

3. 왜 느낌을 나누는가?

이번에는 배우자와 느낌까지 나눔으로써 부부 대화가 더 풍요로워지는 것에 대해서 말씀드리겠습니다.

배우자와 풍요로운 대화를 하기 위해서는 생각을 전달하는 것만으로는 충분하지 않습니다.

부부싸움이나 침묵, 대화, 성, 토론, 무언의 대화 등 우리가 하는 모든 행동의 밑바탕에는 느낌이 깔려 있고, 그 느낌은 상황에 따라 다르게 느끼게 됩니다.

침묵의 예를 들어보겠습니다.

부부 사이가 좋을 때의 침묵은 평화로운 느낌이지만, 말다툼 후의 침묵은 화가 난 느낌입니다.

또 토론할 때도 생산적인 토론은 활력이 넘치는 느낌이지만, 주제와 어긋난 토론이 될 때는 짜증스러운 느낌입니다.

이처럼 자기 생각만이 아니라 느낌까지도 배우자와 나눔으로써, 나 자신을 더 잘 알게 되고, 서로를 더 깊이 알게 되어 더욱 친밀한 혼인 생활을 하게 됩니다.

또 느낌을 나누는 것은 나 자신의 깊은 내면의 상태를 알려 주므로 내가 누구인가를 가장 잘 나타냅니다.

이번에는 느낌을 묘사하고 전달하는 방법에 대해 말씀 드리겠습니다.

느낌은 강도나 감촉, 색깔, 소리 등 오감을 활용하여 묘사할 수 있습니다. 또 비슷한 과거 경험이나 이미지 등 다양한 방법으로 표현할 수 있는데, 느낌을 전달할 때는 이해하기 쉽고 부부가 서로 잘 통하는 말로 표현하십시오.

예를 들면 아픈 느낌의 강도가 숫자 1에서 10까지 중에 10 정도로 강하다고 표현할 수 있고, 감촉으로는 비단처럼 부드럽다고 할 수 있습니다.

또 비슷한 과거 경험으로 우리 아이가 처음 걸었을 때처럼 흐뭇한 느낌이라고 얘기할 수 있고, 이미지로는 아들이 커서 남자다운 용기를 보일 때처럼 든든한 느낌이라고 말할 수 있습니다.

그러나 같은 단어로 묘사되는 느낌이 다 똑같지는 않습니다.

예를 들어 시원하다고 할 때, 앓던 이가 빠진 것처럼 시원함은 홀가분함을 의미하고, 한바탕 소나기가 쏟아질 때의 시원함은 상쾌함을 의미합니다.

또 얼큰한 국물을 마셨을 때처럼 시원함은 개운함을 의미합니다.

이처럼 같은 단어로 표현되는 느낌이라도 상황에 따라 의미와 강도가 다릅니다.

4. 느낌 대화 방법 (의사소통 6단계)

느낌 대화를 한다는 것은 과거에 우리가 경험하지 못했던 새로운 방법으로, 배우자의 느낌을 공감하는 수준까지의 대화를 말합니다.

그럼 이제 어떻게 느낌을 나누는지 그 방법에 대해서 말씀드리겠습니다.

여기에서 느낌 대화 방법으로 의사소통 6단계를 사용하고 있습니다.

첫째, 부부 관계에 관한 질문이 정하고,

둘째, 부부가 따로 떨어져 질문에 대한 답을 쓰고

셋째, 질문과 관련된 각자의 느낌을 찾아보고,

넷째, 찾아낸 느낌을 자세하게 묘사하여 메모지에 쓰면 됩니다.

다섯째, 각자 쓴 내용을 부부가 나누어 보며,

마지막 여섯 번째는 부부의 두 가지 느낌 중 가장 강한 느낌 한 가지를 선택하여 배우자가 자기 느낌을 진심으로 공감하도록 설명합니다.

이때 서로 피해야 할 사항이 있습니다.

쓴 글의 문법이나 철자법이 틀렸다고 비평하거나, 쓰레기 쏟아붓듯 화난 것을 글로 퍼붓지 마십시오.

또 "당신이 나를 그렇게 만들었다.", "당신은 그렇게 하지 않았다."와 같이 "나" 대신 "당신"을 주어로 표현하거나, 배우자가 얼마나 많이 썼는가를 비교하지 마십시오. 그리고 쓴 것에 대해 충분히 대화하시기 바랍니다.

이번에는 말로 하는 대화는 어떻게 하는지를 그 방법을 직접 나타내 보여 드리겠습니다. 저희 부부가 '이번 ME 교육을 준비하며 어떤 느낌이었는지?'를 방금 말씀드린 의사소통 6단계 중 6번째 느낌 대화를 나눈 내용입니다.

(서로 마주 보면서)

H: 여보! 이번 ME 교육을 준비하면서 어떤 느낌이 들었어?

W: 처음 뵙는 분들에게 우리 부부가 좋은 인상을 줄 수 있을지 면접관 앞에 서 있을 때처럼 긴장되고 불안한 느낌이 들었어요.

H: 당신은 긴장되고 불안한 느낌이었구나. 나는 오히려 어떤 아가씨가 나올지 맞선 보러 갈 때처럼 호기심이 많은 느낌이었는데…….
그럼 내 호기심 많은 느낌보다는 당신의 불안한 느낌이 더 강한 것 같은데…….
당신의 불안함을 가지고 대화를 더 해볼까?

W: 네.

H: 전에도 이런 느낌을 느껴본 적이 있었어?

W: 네. 자유여행을 준비할 때 그곳에 가서 어려운 일이

생기지는 않을지 하는 불안한 느낌이에요.

H: 그때 그렇게 불안했어?

　그럼 그 불안함의 강도를 숫자로 얘기할 수 있을까?

W: 1에서 10중에 8 정도예요.

H: 혹시 풍경이나 색깔로도 묘사할 수 있겠어?

W: 풍경이라면 구름이에요.

짙은 먹구름은 한바탕 소나기라도 퍼부을 듯 불안하게 하
거든요. 그리고 색깔로는 가야 할지 멈춰야 할지 고민되는
신호등의 노란 색이라고 하고 싶어요.

H: 그럼 그 불안함을 소리로 표현할 수 있을까?

W: 소리는……. 누군가가 밖에서 크게 싸우는 소리요. 혹
시 우리 아이와 싸우는 건 아닌지 불안하거든요.

H: 그렇구나. 당신의 마음을 좀 알겠는데 내가 좀 더 공
감해 보고 싶거든? 우리가 함께 경험했던 일 중에서 얘기

해 줄 수 있을까?

W: 얼른 생각이 나지는 않네요.

H: 혹시 어머니가 매우 편찮으시다고 연락받았을 때처럼?

W: 아니요. 그것과는 좀 다른 느낌이에요.

H: 그럼 언젠가 밖에서 가스 밸브를 잠갔는지 생각이 나지 않는다고 했을 때? 그때 집에 불이라도 나는 건 아닌지 나도 많이 긴장되고 불안했었는데…….

W: 네. 지금 내 마음이 그때와 비슷하게 불안한 것 같아요.

H: 그래? 이제 당신이 얼마만큼 불안해하는지 공감할 수 있을 것 같아.

W: 당신이 제 불안한 느낌을 공감해 주니까 조금씩 안정이 되는 것 같아요. 지금은 중요한 시험을 잘 마쳤을 때처럼 아주 편안해졌어요.

이처럼 말로 하는 느낌 대화는 두 분의 느낌 중에서 강한 느낌을 선택하고, 그 느낌을 서로 공감할 때까지 나누는 것입니다.

이렇게 느낌 대화하면 좋은 이유는 배우자의 느낌을 통해 배우자가 현재 어떤 상태인지 그 깊은 내면까지 파악해서 부부 관계를 개선할 수 있는 최선의 길이기 때문입니다.

5. 느낌 나눔을 위한 동기부여

  느낌 대화는 의사소통의 기초입니다.
우리는 모두 서로 인정받고, 위로받고 또 사랑받기를 원하고 있으며, 이러한 것들은 느낌을 나눔으로써 채워지게 됩니다.

  그럼 이번에는 여러 부부님에게도 있을 것 같은 오래된 저희의 기억을 되돌아보겠습니다.

  연애 시절 집까지 바래다준 남편이 헤어지기 싫은데 우리 밤새 걷자며 저를 꼭 안아주었을 때, 머릿속이 하얘질 정도로 황홀했고, 단둘이 오붓하게 기차여행을 하자고 했을 때는 남편과 오랜 시간을 함께 있을 수 있어 구름 위를 걷는 것처럼 즐겁다고 얘기했습니다.

  또 신혼 시절 소꿉놀이하듯 서툰 솜씨로 차려주는 음식을, 어느 진수성찬보다 제가 해 준 반찬이 더 맛있다고 칭찬해주는 남편에게, 다음에는 무엇을 맛있게 만들어줄까 하는 즐거운 고민을 했었고, 업무로 장기간 출장을 가게

된 남편이 헤어지기 싫다는 안타까운 마음을 이야기했을 때, 저 역시 남편 없이 혼자서 오랜 시간 지낼 일을 생각하니, 벌써 온 세상이 텅 빈 것처럼 허전하다며 서로의 마음을 나누었던 기억도 있습니다.

우리의 소중한 새 생명을 선물 받았을 때는, 고맙다며 제 어깨를 토닥여주는 남편에게 아내로서 충분히 사랑받고 있다는 행복감에 눈물이 핑 돌기도 했습니다.

그때는 몰랐는데 지금 생각하니 이 모든 것이 느낌을 나타내는 사랑스러운 대화였습니다.

여러분도 연애 시절 중에도 느낌을 표현하는 대화를 통해 친밀함을 느꼈던 그런 아름다운 시절이 있었을 것입니다.

어쩌면 무미건조하고 빛바랜 사진처럼 조금은 퇴색했을지도 모르지만, 여러 부부님께서 이 책을 통해 충분히 개방하고 나누신다면 그때처럼 행복하고 풍요롭게 될 수도 있습니다.

이제 부부님들은 의식적으로 느낌을 나누는 대화를 통해서 더욱더 친밀하고 친숙하게 살 수 있다는 확실한 믿음을 가지시기 바랍니다.

다음은 느낌의 예를 들어본 것입니다.

느낌을 나누는 대화

※ 기쁘고 긍정적인 느낌이 들 때

1. 새털처럼 가벼운
2. 샤워한 것처럼 개운한
3. 1등을 했을 때처럼 감격스러운
4. 원하던 선물을 받았을 때처럼 감동을 주는
5. 바닷속의 신비한 풍경을 보았을 때처럼 경이로운
6. 무거운 짐을 들어 주었을 때처럼 고마운
7. 잔잔한 호수를 바라보았을 때처럼 고요한
8. 복권에 당첨되었을 때처럼 기쁨에 찬
9. 용돈이 두둑할 때처럼 넉넉한
10. 나쁜 꿈을 꾸다가 깼을 때처럼 다행스러운
11. 꿀처럼 달콤한
12. 보고 싶은 친구를 만났을 때처럼 반가운
13. 대낮처럼 밝아진
14. 새벽 공기를 마실 때처럼 상쾌한
15. 시든 꽃에 물을 주었을 때처럼 생기 도는
16. 앓던 이를 빼냈을 때처럼 시원한
17. 방금 따온 딸기처럼 신선한
18. 잘 아는 문제를 풀 때처럼 자신만만한
19. 서커스 묘기를 볼 때처럼 짜릿짜릿한
20. 밥을 배불리 먹었을 때처럼 만족한
21. 집 안 청소를 말끔히 했을 때처럼 쾌적한
22. 잔잔한 물결을 바라볼 때처럼 평화로운
23. 따뜻한 이불을 덮었을 때처럼 포근한
24. 어두운 터널을 빠져나왔을 때처럼 환한

※ 분노가 일고 부정적인 느낌이 들 때

1. 아는 사람에게 무시당했을 때처럼 괘씸한
2. 억울한 누명을 썼을 때처럼 격분한
3. 일이 자꾸 꼬일 때처럼 골치 아픈
4. 뚜껑을 따서 오래된 맥주처럼 김빠진
5. 소리가 작아 전화가 잘 들리지 않을 때처럼 답답한
6. 버스를 놓쳤을 때처럼 맥 빠지는
7. 다른 사람이 허락 없이 내 물건을 사용했을 때처럼 불쾌한
8. 듣기 싫은 잔소리를 할 때처럼 신경질 나는
9. 만원 버스를 탔을 때처럼 짜증스러운
10. 내 물건을 빼앗겼을 때처럼 화나는
11. 화장실에 휴지가 없을 때처럼 황당한
12. 잘난체하는 사람을 볼 때처럼 역겨운

※ 슬픈 느낌들의 표현

1. 무인도에 혼자 있을 때처럼 고독한
2. 친한 친구에게 배신당했을 때처럼 비참한
3. 길가에 홀로 서 있는 장승처럼 외로운
4. 나이 많은 노인이라고 상대해 주지 않을 때처럼
   서글픈
5. 빈방에 들어섰을 때처럼 썰렁한
6. 텅 빈 논 가운데 홀로 서 있는 허수아비처럼
   쓸쓸한
7. 도살장으로 끌려가는 소처럼 처량한
8. 기대했던 승진에서 누락 되었을 때처럼 허탈한
9. 부부싸움을 하고 난 후처럼 후회스러운

※ 두려운 느낌의 예

1. 캄캄한 골목길에서 갑자기 사람이 나타났을 때처럼
   간담이 서늘해지는
2. 아이가 밤늦도록 연락도 없이 집에 들어오지
   않을 때처럼 걱정스러운
3. 잘못해서 유리창을 깨고 꾸중 들을 것을 기다리는
   아이처럼 겁먹은
4. 높은 산을 등산할 때처럼 고생스러운
5. 병원에서 진찰 결과를 기다릴 때처럼 근심스러운
6. 전쟁터에서 작전을 수행하는 군인들처럼 긴박한
7. 처음 운전할 때처럼 긴장된
8. 지갑을 잃어버렸을 때처럼 난감한
9. 겨울철에 온기 없는 냉방처럼 냉랭한
10. 어둡고 좁은 공간에 있을 때처럼 답답한
11. 비가 오는데 우산이 없을 때처럼 당황한
12. 어두운 밤길을 혼자 걸을 때처럼 두려운
13. 바지 지퍼가 내려간 줄 모르고 다니다
    알았을 때처럼 무안한
14. 약속 시간을 지키지 못했을 때처럼 미안한
15. 건강진단을 받고 결과를 보러 갈 때처럼 불안한
16. 모르는 사람들과 한 공간에 있을 때의 서먹서먹한
17. 면접을 보기 위해 기다릴 때처럼 초조한

이와 같은 느낌을 가지고 내가 현재 느끼고 있는 상태를 배우자와 잘 표현하면서 대화를 나누어 보십시오.

　주인공은 항상 나입니다. 배우자가 아님을 명심하십시오.

제2장
나는 누구인가?

1. 나는 누구인가?

이번 장에서는 '나는 누구인가?' '나는 어떻게 행동하는 가' 이런 것들이 배우자와의 관계에 어떤 영향을 미치는 가에 대해 알아보겠습니다.

자기 자신의 "성격유형"과 "행동 방식"을 알아보고, 자기 자신을 부정적으로 보는 것이 배우자에게 얼마나 큰 영향을 주는지 알아보기로 하겠습니다.

1) 성격유형 파악하기

ME 교육에서는 성격유형은 크게 네 가지로 나눕니다.

1. 친절하고 협조적인 사람, 즉 협조자 형(Helper)

협조자 형의 주된 가치는 다른 사람들과의 관계입니다. 이들은 사람들을 필요로 하며 다른 사람들과 함께 있는 것을 좋아합니다. 일반적으로 이들은 다른 사람들의 느낌을 잘 알고 공감하며 영감 적입니다.

이들은 관계 안에서 조정자이고, 협동, 소속, 조화를 얻기 위하여 일합니다.

협조자들은 진실하고 배려 깊은 것으로 여겨지는 것이 중요합니다. 이들은 일반적으로 어디서나 긍정적인 면을 보이려는 경향이 있습니다. 이들은 충직하고 신의가 깊으며 격려하고 밀어줍니다. 또 무엇인지보다는 무엇이 되느냐에 더 관심이 있습니다.

2. 철저하고 조직적인 사람, 조직자 형(Organizer)

조직자는 일이 이루어지게 합니다.

책임감이 매우 강하며 거의 항상 준비되어 있고 규칙을 따릅니다. 이들은 목록을 작성하는 경향이 있어서 언제 일이 끝나야 하는지를 알고 있습니다.

일이 조직적으로 되지 않으면 조직화할 필요성을 느낍니다. 이들은 믿을 만하고 안정되어 있습니다.

일반적으로 이들은 많은 변화를 좋아하지 않으며 일이 예측 가능하고 순서대로 이루어지는 것을 좋아합니다.

이들은 무엇을 결정할 때 과거(전통)에는 어떻게 처리했는지에 근거하여 사물을 보는 경향이 있습니다.

이들은 주로 질서에 따르는 감각이 있습니다.

이들은 거의 항상 일을 먼저하고 시간이 있으면 즐거움
이나 놀이를 고려할 것입니다.

3. 사유적이고 논리적인 사람, 즉 사유형(Thinker)

사유형은 아이디어를 좋아하고 이해하길 원합니다. 이
들은 상황을 분석하길 즐기고 조용한 관찰자가 되는 경향
이 있습니다.

일반적으로 이들은 독립적이고, 정서보다는 사고와 아
이디어에 더 몰두해 있습니다. 규칙이 일리가 있고 논리
적이면 규칙을 따릅니다. 이들은 능력자가 되고 싶은 욕
구와 지식을 축적하고자 하는 욕구가 있습니다.

이들은 토론을 즐깁니다. 보통 사유형은 완벽주의자가
되려는 경향이 있고 자신의 실수를 처리하는 데 어려움이
있습니다. 이들은 모든 가능성을 고려하여 일을 하므로
훌륭한 계획 입안자입니다.

4. 활발하고 창조적인 사람, 촉매형(Catalyst)

촉매형은 자유분방하고 즐거움을 추구합니다. 이들은

일반적으로 행동이 과감하고 위험을 무릅씁니다. 변화의 계기를 잘 만들고 관심의 초점이 되기를 원합니다.

이들은 관여하기를 좋아하는 행동 지향적 인물입니다. 이들은 일을 만들어 관여하기를 좋아합니다. 이들은 경쟁을 즐기고 다양성을 좋아합니다.

이들은 쉽게 밀치고 나아가 일들이 흥미 있고, 흥분되게 하려고 변화를 추구할 것입니다. 이들은 도전을 즐기고 일들이 자신의 방식대로 되게 하려는 경향이 있으며 때로는 충동적으로 보입니다. 이들은 제한된 규칙과 조직을 찾고 자신의 자발성과 외향적인 성격을 좋아합니다.

전문가의 TIP

자신과 아내의 성격유형이 어떤 것인지를 찾아보는 것은 마치 자신의 혈액형이 무엇인지를 알아야 자신의 체질을 알 수 있는 것과 같습니다.

또 나 자신을 다른 사람들에게 나타내는 방법으로는 성격유형과 행동 방식 두 가지가 있습니다.

"성격유형은 '나는 누구인가'에 대한 본질"을 말합니다.
이것은 어려서부터 살아오면서 점차 분명해진 나의 정체성을 나타냅니다.

그것은 내가 말하는 것, 나의 개인적인 가치관, 믿음, 목표, 기대, 희망과 두려움을 구체적으로 나타내고 있습니다.

2) 행동 방식의 이해

행동 방식의 정의는 다음과 같습니다.

행동 방식이란 인정받고 존경받거나, 어떤 목적을 달성하고자 스스로 터득하고 적응시켜온 습관적 태도입니다.

행동 방식은 장소가 직장, 가정, 활동하는 곳 여하에 따라 달라질 수 있습니다.
자기 행동 방식은, 지금까지 살아오면서 오랜 세월에 걸쳐 습득됐으며, 성격유형과는 달리 훨씬 더 상황에 잘

적응하고 변화합니다.

행동 방식은 배우지 않고 터득되기도 하지만, 배워서 터득되기도 합니다.

선천적인 성격유형과 후천적인 행동 방식은 서로 대체할 수 있는 용어가 아닙니다.

자신의 성격유형이 자신의 행동 방식의 동기는 될 수 있어도, 행동 그 자체는 자신의 성격유형에서 나오는 것은 아닙니다.

느낌에 옳고 그름이 없는 것과 마찬가지로, 성격유형은 본래 타고난 것이어서 거기에도 옳고 그름이 없습니다.

옳고 그름이 있는 것은 오직 행동뿐입니다.

3) 성격유형과 행동방식의 차이

성격유형과 행동방식의 차이에 대해 이해를 돕기 위해서 예를 들어 보겠습니다.

여러분에게 어떤 형태의 집에 살고 있느냐고 물으면, 여러분은 한옥, 빌라, 아파트 등등으로 대답할 것입니다.

그것이 여러분 집의 큰 윤곽을 그려주고 있으며, 별로 변하지 않는 모습으로서, 여러분 집의 유형이 성격유형으로 비교됩니다.

그러나 여러분 집이 어떻게 생겼는지 정확히 알려면, 주방이 어떻게 장식되었고, 침실에 침대가 있는지 없는지, 커튼의 색깔은 무엇인지, 소파 같은 가재도구 등은 여러분이 마음만 먹으면 지금이라도 변화시킬 수 있는 집안의 물건들에 대한 설명으로서, 이와 같은 가구 등은 여러분의 행동 방식과 같다고 할 수 있습니다.

또 다른 예를 말씀드리겠습니다.

기후와 날씨를 예로 들자면, 기후와 날씨의 차이를 성격유형과 행동 방식으로 비교할 수 있습니다.

기후란 성격유형처럼 비교적 일정한 것이어서, 가령 사막의 기후를 말하면 누구나 사막에는 어떤 요소가 있고, 사막은 모두 그와 유사한 특성이 있음을 알 수 있습니다.
그러니 사막은 낮에는 뜨겁고 밤에는 추우며, 때로는 모래바람이 휘몰아치거나 하는 자주 변하는 날씨는 우리의 행동 방식과 비교할 수 있습니다.

전문가의 TIP

우리는 누구나 네 가지 성격유형의 요소를 모두 갖고 있지만, 그중에 특히 두드러진 성격유형이 있습니다. 우리는 배우자와의 관계 안에서 배우자를 이해하는 데 도움이 되기 위해 그 두드러진 성격유형을 찾아야 합니다.

▶▶ 남편의 이야기입니다. (H)

저는 철저하고 조직적인 사람입니다.

조직자형(Organizer)은 완벽주의와 철저한 준법적인 생각을 하고 있습니다. 일을 주면 완벽하게 성과를 내야만 만족하며, 교통법규나 기타 공중도덕을 잘 지켜야 한다고 항상 생각합니다.

또 신용을 철저히 준수하며, 약속한 것은 꼭 지켜야 합니다. 좋은 것은 좋고 나쁜 것은 나쁘다고 분명한 생각을 가지며, 경쟁에서도 이겨야 하며, 성취감이 매우 높습니다. 어떤 일이든지 하려면 잘해야 하고, 안 하려면 처음부터 포기해 버립니다.

시간관념이 철저해서 약속을 철저히 지켜야 하고, 지각이나 결근은 절대 용납 못 하는 성격입니다. 그리고 참을성이 부족하여 쉽게 화를 내고, 또 금방 풀어지는 성격입니다.

▶▶ 지금부터는 아내의 이야기입니다. (W)

　저는 친절하고 협조적인 사람(Helper), 도우미형입니다. 그래서 인정이 많은 편입니다. 집안 가족 중 누가 아프기라도 하면 치료받기를 적극적으로 권하고, 때로는 경제적인 도움도 줍니다. 그렇게 하는 것이 저는 편안하게 생각되고 행복감을 느낍니다.

　맏며느리인 저는 집안 대소사에 마음을 많이 쓰며, 책임감을 느끼고 있고, 가족 또는 이웃들과 음식 등을 나누는 것을 좋아하고, 함께 여유 있는 시간을 즐기기를 좋아합니다.

　또 화나는 일이 있어도 말을 하지 않고 참으며, 외로움을 많이 느끼는 편이어서 혼자서 여행하는 것을 생각해보기도 하지만, 특히 가족과의 관계에서는 독단적인 행동을 하지 못하고 함께 해야만 마음이 편합니다.

　그리고 저는 관심 있는 분야의 사람들과 같이 대화하고 어울리는 것을 좋아하며, 그러한 일들이 자기 자신에게 활력을 준다고 생각합니다.

　또 요행을 바라지 않으며, 누구나 노력한 만큼의 대가는 있어야 한다고 생각하고, 그래서 보다 더 열심히 일을 합니다.

▶▶ 남편의 이야기입니다. (H)

저는 책임감이 강하고 자신감과 성취감을 높게 가지고 있지만, 냉정하고 차가운 성격으로, 다른 사람과 쉽게 어울리지 못하는 성격도 가지고 있습니다.

저의 이런 행동 방식이 형성된 것은 어려서부터입니다. 부모님들께서는 제게 항상 큰아들이라는 책임감을 심어주셨습니다. 공부 외에도 바쁜 농사일을 도와서, 부모님들의 모자라는 일손을 덜어 드려야 했습니다.

그러자면 시간 계획을 잘 세워서 공부하고 또 농사일도 해야 했기에, 나름대로 목표를 세우고 계획을 세워서 생활했습니다. 이러한 저는 부모님들과 아웃들로부터 잘한다고 칭찬을 받게 되면, 더욱더 잘하려고 스스로 노력했습니다.

고등학교 시절에는 도회지로 나와 부모님과 떨어져 생활했기에, 철저한 자기 관리와 절제하면서 생활했었고, 또 부모님께는 불효가 되는 일이 없도록 노력했습니다.

부모님께서 힘들게 농사지어 학비를 대고 있었으므로, 부모님의 은혜에 보답하기 위해서라도 돈을 아껴 써야 했고, 나쁜 친구들과 어울리지 않으려고 노력했으며, 자기 스스로 시간 관리도 잘 해야만 된다고 생각했습니다.

이렇게 모든 행동까지도 스스로 책임져야 하는 환경이기에, 많은 책임감을 갖고 학교생활을 했습니다. 그것을 본 선생님께서는 모범 학생이라며 칭찬해주셨고, 그 칭찬이 저는 싫지 않았습니다.

최근에는 장남으로서 가정의 모든 책임을 완수하면서, 저는 자신감과 성취감을 많이 느낍니다. 가족 모두가 나의 능력과 책임감을 인정해 주기 때문입니다. 부모님을 위해 노력하고, 형제, 친척들의 관계에서도, 장남으로서 모든 걸 책임지고 경비를 부담하면서도 뿌듯한 마음을 느낍니다.

그래서 가정 내의 모든 대소사를 경제적으로 책임을 지고 뒷받침해 주고 있는 저의 생각을 가족들이 따르지 않으면 화가 납니다. 가족 모두가 나의 가치를 인정해 주고 나의 능력을 높게 평가해줘야 하는데, 그런 분위기가 아닐 때는 자괴감이 생깁니다.

이러한 행동 방식들로 인하여 배우자와의 관계에 끼치는 긍정적인 영향과 부정적인 영향에 대해 생각해 보겠습니다.

저는 우리 집안의 장남으로서 책임감이 강하고, 능력을 인정받아서 나 자신의 위엄과 가치를 내세우려는 가부장적 사고를 가지고 있습니다.

그래서 저는 시골에 계신 부모님께 자주 안부 전화를 드리고, 어디 불편하신 데라도 있으면 병원으로 모시고 가고, 약도 사서 보내 드립니다.

이런 저의 모습을 보며 아내는, 자신이 해야 할 일을 제가 대신 해 준다며 고마움을 표하고, 또 아이들도 당신의 모습을 보며, 부모를 공경할 줄 아는 바른 아이들로 자랄 것이라며 저를 칭찬해줍니다. 이처럼 가부장적인 성격이 긍정적인 측면도 있습니다.

또 저는 동생네 가족들이 우리 집에 다니러 올 때, 가족 간에 따뜻하고 부드러운 모습으로 아기자기하게 서로 이야기를 나누지 못하고, 군림하는 자세로 동생네 가족을 대합니다.

그러면 아내는, 동생네 가족을 좀 더 따뜻하고 부드럽게 대해주지 않고, 당신이 하고 싶은 대로 행동하고, 또 무관심하게 자기 할 일만 한다며 제게 불평합니다.

이처럼 가부장적 권위와 위엄을 너무 내세우다 보니, 가족들을 외롭고 힘들게 하는 부정적인 영향을 끼치기도 합니다.

▶▶ 지금부터는 아내의 이야기입니다. (W)

저는 주어진 일에 잘 순응하며, 참을성 있는 성격을 갖고 있고, 그 일을 성취함으로써 인정받는 것을 좋아하는 행동 방식을 가지고 있는데 형성된 것은 어려서부터입니다.

초등학교 시절에 부모님의 권유로 주산을 배우게 되었습니다. 그 당시에 경제적 여건과 교통 사정 등이 좋지 않아서, 어린 나이에 1시간이 넘는 길을 걸어서 매일 왕복으로 두 차례를 걸어 다녔습니다.

주산 수업은 보통 밤 11시가 넘어서야 끝이 났고, 어두운 밤거리의 무서움을 달래기 위해 주판을 귀에 대고 흔들면서 집으로 뛰어오곤 했습니다.

어린 나이인데도 기특하게 참 잘한다는 부모님과 주위 친척들의 칭찬을 들은 저는 싫지 않았고, 기분이 좋아서 더욱 최선을 다했습니다.

중고교 시절에 저는 일찍 아버지를 잃고 경제적으로 어려움이 많았습니다. 참고서 한 권을 살 수가 없어서 많은 고통을 인내해야만 했고, 저는 학교에 다닐 수 있는 그 자체만으로도 감사했기 때문에, 어머니의 노고에 조금이라도 힘이 돼 드리고자 저 스스로 공부도 열심히 하고, 집안일도 틈나는 대로 열심히 도왔습니다.

그러다 보니, 부족한 여건하에서도 공부를 잘한다는 친지들의 격려가 내심 흐뭇하기도 하였고, 선생님께서도 칭찬해 주셔서 많은 힘이 되어 주었습니다. 그래서 더욱더 공부를 열심히 했으며, 어머니도 저에게 기특하다고 칭찬하셨습니다.

성인이 되어 직장에 들어간 후에도, 저는 힘들고 복잡한 일이 있을 때도 참을성을 갖고 열심히 했고, 주변 동료들의 부탁도 성심껏 들어주었습니다. 그러한 저에게 직장동료들이나 상사분들은 중요한 일들을 맡겨주셨고, 그러한 일들은 누구에게나 맡겨지는 것이 아니기 때문에 내심 싫지 않고 흐뭇하였으며, 저에게 그러한 일들이 주어지는 것은 저 자신이 그만큼 직장상사들로부터 신뢰받고 있음을 알 수 있었습니다.

저는 직장 상사들의 기대에 어긋나서는 안 된다는 생각에 야간 일도 마다하지 않았고 주어진 일에 최선을 다했습니다.

최근의 일입니다.
저의 시부모님께서는 시골에 살고 계십니다. 그런데 저의 시아버님께서 병을 얻으셔서 병원에 입원하시게 되었습니다. 남편과 저는 급히 시골에 있는 병원으로 갔지만, 시어머님만 계시는 그곳에서는 시아버님을 간호해 드리기가 불편하겠다는 생각이 들어, 시아버님을 서울로 모셔

오기로 남편과 합의하여 서울에 있는 병원으로 모셨고, 또 간병인이 불편하시다고 하셔서, 시아버님의 불편한 마음을 덜어드리기 위해 직접 제가 간병도 했습니다.

큰아들인 남편과 결혼한 저는, 기꺼이 시아버지를 모셔와 치료해 드리기를 원했고, 시동생이 있지만 그들에게 미루지 않고 당연히 저의 책임이라고 생각했습니다.

때때로 힘이 들 때는, 다 같은 자식인데 왜 나만 고생을 하나 하는 생각도 없지는 않았지만, 정말 수고 많다는 가족들의 격려가 저에게는 힘이 되었고, 제가 가족들로부터 인정받고 있다는 흐뭇함도 느낄 수 있어 더욱 열심히 했습니다.

저의 인정받기를 좋아하는 행동 방식이 남편과의 관계에 미치는 긍정적, 부정적 영향을 말씀드리겠습니다.

몇 해 전 남편의 누나 가족께서 경제적으로 매우 힘든 일을 겪게 되었습니다. 그분들은 생활의 터전을 떠나야 했고, 설상가상으로 누나는 건강 상태가 많이 나빠져 있었습니다.
남편과 저는 그분들을 모셔 와 기거할 곳을 마련해 드리고, 누나의 병도 치료를 도와 드렸습니다.

원래 남편은 표현을 잘 하지 않는 성격이어서 말로써 나타내지는 않았지만, 치료받으러 갈 때면 자동차로 데려

다주는 등 가족 간의 사랑을 느끼게 했으며, 저의 행동에 내심 고마워하며 저에 대한 신뢰감을 느낄 수 있었습니다.

이처럼 저의 친절함은 남편에게 포근함을 주었고, 정서적 안정감을 주는 긍정적인 면이 있는 반면에, 지나친 친절로 인해 걱정스러운 눈으로 저를 바라보게 하는 부정적인 면도 있었습니다.

정이 많은 저는 명절이나 생신 등 큰일이 있을 때면, 큰 며느리로서 책임감을 느끼고, 음식 준비며 모든 일을 거의 제가 하다시피 합니다.

경제적 어려움 속에서 자란 저는, 음식을 모자라기보다는 남는 쪽으로 준비하는 경향이 있고, 가족들에게 음식을 나누어 주는 것을 좋아합니다.

하지만 남편은 음식이 너무 많아 상하기도 하고, 냉동실에 들어가면 잊어버리고 먹지도 않는 음식을, 왜 그렇게 많이 준비하느냐고 화를 내곤 합니다.

저는 좋은 마음으로 준비하려 합니다. 그러나 저의 잘못을 들추며 화를 내는 남편에게 실망스러운 느낌도 듭니다. 남편이 열심히 고생해서 돈 벌어다 주는데 살림도 제대로 못 하는 것 같아서 미안한 마음도 있습니다. 그러나 다른 한편으로는 그다지 큰 잘못 아니면 그냥 참아주면 안 되나 하는 야속한 느낌이 들기도 합니다. 그래서 남편에게 깊은 친밀감을 가질 수 없게 됩니다.

▶▶ 지금부터는 남편의 이야기입니다. (H)

저의 다른 사람에게 보이고 싶지 않은 "나"에 대해 말
씀드리겠습니다.

저는 책임감이 강하고, 용기가 있고, 가족의 가장이고,
능력이 있는 사람으로 평가받기를 바라면서 겉으로는 강
한 사람인 것처럼 보이지만, 실상은 그렇지 못합니다.

저희가 단독주택에서 살 때의 일입니다.
어느 날 한밤중에 밖에서 수상한 소리가 들린다고 아내
가 나가 보라는 겁니다. 저는 갑자기 겁이 났습니다. 그
래서 몽둥이와 랜턴, 그리고 가죽장갑 등 여러 가지 물건
을 챙기는 데 많은 시간을 소비하면서 시간을 보내고 있
었습니다. 만약 도둑이 들었다면 충분히 도망갈 시간이
흘러간 것입니다.

아내는 제가 빨리 뛰어나가 용감하게 도둑을 때려눕혀
야 하는데, 몽둥이 챙기다가 시간만 보낸다고 핀잔을 주
었고, 제가 책임 의식이 강한 남편이기에 용감할 줄 알았
다가 그렇지 못한데 실망이 큰 것 같았습니다.

저는 그런 약한 모습을 아내에게 보이기 싫어서 늘 용
감한 척, 자신이 있는 것처럼 행동을 해 왔던 것입니다.
저의 약하고 겁 많은 모습을 보이기 싫어서입니다.

저의 이런 행동 방식 때문에 배우자와의 관계에 부정적인 영향을 끼치게 되기도 합니다.

▶▶ 아내의 이야기입니다. (W)

저도 다른 사람에게 보이고 싶지 않은 "나"에 대해서 말씀드리겠습니다,

저는 겉으로는 태연한 척은 하지만, 다른 사람 앞에서 저 자신을 드러내는 것을 꺼립니다.
경제적으로 어렵게 살아온 저는 매사에 자신감이 없고, 처리능력도 부족하다는 생각에 다른 사람을 책임져야 하는 자리는 사양하게 되고, 아예 생각 자체도 하기 싫어합니다.

특히 돈이 풍부한 사람이라는 평을 가진 사람들이나 그러한 부류의 모임에서 가능하면 같이 어울리는 것을 자제하게 되고, 어쩌다 같이 있게 되면 말과 행동이 부자연스럽게 됩니다. 때로는 저 스스로가 마음의 상처를 받기도 하며, 빨리 그 자리를 떠나서 편안한 상태로 돌아가기를 원합니다.

때때로 남편이 어디를 같이 갈 것을 권유할 때, 그곳이 제게 부담스러움을 줄 거라 생각되면, 이런저런 핑계를 대면서 가지 않으려고 하거나, 남편 혼자 다녀오라고 하

기도 하지만, 어쩔 수 없이 같이 가야 할 때면 마음이 불편합니다. 그러나 제 내면의 감정을 드러내지 않으려 최대한 노력합니다.

직선적이고 능동적인 남편에게, 자신감이 없는 제 내면의 생각을 나누지 않습니다. 그래서 남편에게 저는 이기적이고 매사를 긍정적으로 생각하기보다 먼저 안 될 것을 염려하는 부정적인 사람으로 비칩니다.

저 스스로 잘 처리하지 못 할 일은 아예 책임을 맡지 않아야 한다는 저의 생각은, 대인관계에서도 때로는 저 자신의 안위만 생각하고 이웃과 사랑을 나눌 줄 모르는 차가운 사람으로 비치기도 합니다. 그래서 남편에게 무슨 일이든 시도해보지도 않고 뒤로 빠지는, 소극적이고 지나친 현실주의자라는 느낌을 주게 됩니다.

그리고 이러한 저의 생각 때문에, 때로는 열심히 하고자 하는 남편의 의욕을 꺾게 되고, 그래서 저와의 관계에서도 신뢰감을 가지지 못하게 합니다.

▶▶ 남편의 이야기입니다. (H)

몇 년 전에 이민하려고 준비하면서 있었던 일입니다. 이민을 하게 되면 영어 회화가 필요할 것 같아, 저희 부부는 회화를 배우기 위해 이른 새벽에 학원에 다니기로 마음먹었습니다.

그러나 저는 학원에 다니면서 회화나 단어를 외우기도 그리 쉽지는 않았고, 특히 끈기도 부족하여 영어 공부가 매우 힘들었습니다.

이러한 저의 약한 모습을 가족들에게 보이면, 이민을 하기로 한 가족들의 부푼 꿈이 깨질까 봐 포기를 하지도 못하고, 혼자 끙끙 앓으면서 초조하게 시간만 보냈습니다.

또한 그 나라 말도 못하는 사람이 낯선 이국땅에서, 무슨 직업을 갖고 무슨 일을 하면서 살 수 있을까? 하는 두려움까지 앞섰습니다. 학창 시절에 영어 공부를 열심히 하지 못한 저 자신이 원망스럽기도 하고, 바보스럽게 여겨져 저 자신이 너무 부끄러웠습니다.

반면 아내는, 회화 공부 그 자체를 즐겁게 생각하면서 잘하고 있었습니다. 학원 선생님이 이끌어 가는 데로 진도도 잘 따라가고, 제법 의사소통까지 할 수 있는 단계까지 잘했습니다. 아내는 자신이 생겨서 더욱더 열심히 공부하고 있었습니다. 저는 그러한 아내가 부럽기까지 하였습니다.

이러한 저에게 아내는, 당신도 조금만 열심히 하면 잘할 수 있을 거라고 위로 해 주었지만, 그 말이 저에게는 아내가 회화를 잘하고 있다는 것을 과시하는 것 같이 들렸고, 또 비웃는 것 같아 달갑지 않게 들렸습니다.

그리고 이렇게 힘든 공부도 공부이지만, 이국땅에서 모든 걸 새로 시작해서 다시 성공의 대열에 나서려면, 너무 많은 고생이 따를 게 뻔하다고 생각하면서도, 아내에게 포기하자는 말도 못 하고 망설이고만 있는 저 자신이, 바보같이 여겨져 냉가슴 앓듯 속만 탔습니다.

▶▶ 아내의 이야기입니다. (W)

저도 저 자신을 부정적으로 보는 것이 대인관계, 특히 남편과의 관계에서 얼마나 영향을 주는지 말씀드리겠습니다.

저의 집이 가난하여 가진 것 없이 시집을 온 탓에, 시댁에 대한 열등감이 큽니다.

제가 딸아이를 낳았을 때의 일입니다.

시어머니께서는 저를 친정에도 가지 못하게 하고, 산후조리를 해 주신다 하여 저의 집에서 함께 지내게 되었는데, 어느 날 친정어머니께서 오셨습니다.

그런데, 고기 한 점 없이 맨 미역국만 끓여주시는 것을 보신 친정어머니께서, 그다음 날 국을 끓여 가지고 오셨다가, 또 아이 낳은 지 며칠 안 된 제가, 쭈그리고 앉아 연년생의 기저귀를 빨고 있는 것을 보시게 되었습니다.

그 순간 저는, 눈앞이 뿌예져서 앞을 가늠할 수가 없어, 친정어머니를 맞이하지도 못하고, 그냥 앉아서 기저귀를 빨기만 했습니다.

그런데 한 이레가 조금 지났을 무렵, 출근한 남편이 갑자기 세탁기를 사야겠다고 전화를 했습니다.

저는 그 일로 인해 소란스러워지는 것이 싫으니 제발 사지 말라고 간곡히 부탁하였지만, 결국 남편은 그것을 사가지고 왔고, 세탁기를 보신 시어머님께서는 저에게 크게 화를 내셨습니다.

아들 앞에서 너무 당당하신 시어머니 모습에 화가 나서 저는 남편에게 사지 말라고 했는데 왜 사서 와서 시어머니를 화나게 하였느냐며 반문하였지만, 그 일이 다시 식사 중에 화제가 되어, 저는 시어머니로부터 또 뜨거운 수모를 당해야 했습니다.

엄동설한에 아이 낳은 지 며칠 되지도 않은 상태에서, 복받쳐 오르는 눈물을 삼키며 밥숟갈을 놓고 밖으로 나와야 했고, 오돌오돌 떨며 서럽디. 서러운 눈물을 흘려야 했습니다.

남편이 속상해하는 저에게, 당신이 어머니보다 더 배웠고 또 며느리이니까, 설령 부모님께서 검은 것이 희다고 할지라도, 그대로 인정해 버리면 오히려 마음이 편할 것이라면서 저를 다독여 주었습니다.

남편이 시어머님의 성품을 잘 알고 있기 때문에, 집안을 조용하게 하려는 의도인 것을 모르는 바는 아니지만, 제가 만만해서 부당한 대우를 받는 것을 보면서도, 며느리라는 이유 하나만으로 모든 걸 참고 견디라 하는 남편이 너무 야속했고, 제 기분은 아랑곳하지 않고 자기 어머니만 두둔하는 남편에게 현명하지 못하고 이기심만 가득한 사람으로 여겨져서 남편을 신뢰하기가 힘들었습니다.

또 그러한 저 자신도 너무 초라해 보이고 싫었습니다.

사람들은 부정적인 자아상을 가지고 있을 때 칭찬을 받게 되면 그 칭찬을 거부하려는 경향이 있습니다.

▶▶ 남편의 이야기입니다. (H)

저는 한 달에 한 번씩 동창회를 나갑니다.

저는 성격이 일을 깔끔하게 처리하고 공정하게 운영하며, 맡은 일은 성의를 다해 처리하는 성격이어서 그런지, 친구들은 저에게 총무나 회장을 맡기면 모두 잘 될 거라면서 저를 치켜세웁니다.

모임의 책임을 맡으면, 귀찮은 일이 너무나 많이 있습니다. 모임을 기획해서 통보해야지, 회비 수금해야지, 애경사에 꼭 참석해야지, 잘 참석 않는 친구들 챙겨야지, 모임 장소 예약해야지, 2차 3차 모두 참석해서 끝까지 마무리해야지 하는 등등 너무나 일이 많습니다.

자기들이 하기 싫은 궂은일을, 저에게 맡기기 위해 저를 치켜세우는 것 같아, 그들의 칭찬이 칭찬으로 들리지 않습니다.

우리는 자신을 판단할 때, 자신의 장점에 대해서는 그것이 늘 계속해서 나타나야 장점으로 인정하려는 경향이 있습니다.

아내는 저의 성격이 조직자형이어서, 모든 일을 할 때 꼼꼼하게 잘 처리한다며 칭찬을 자주 해 줍니다. 저는 그런 일은 당연하다고 생각하기 때문에 그런가 보다고 가볍게 생각합니다.

집에서 아이들이 잘못한 일이 있을 때, 원칙을 주장하며 아이들에게 훈계하면 당신은 왜 아이들을 항상 그렇게 나무라기만 하느냐며, 아이들을 사랑하지 않는 아버지 같다고 아내가 빈정댈 때는, 어쩌다가 좀 나무랐는데 왜 나쁜 아버지로 매도하는지 무척이나 화가 납니다.

이처럼, 자신의 단점은 어쩌다 한 번 만 드러나도, 스스로 단점이 많은 사람이라고 단정을 짓는 이중적 기준을 가지고 있습니다.

▶▶ 아내의 이야기입니다. (W)

저는 가정 살림도, 아이들 교육도, 남편 내조도, 자식 노릇도 제대로 하는 것이 없고, 스스로가 할 수 있는 일이 별로 없는, 그저 그런 사람이라는 생각을 가지고 살아왔습니다.

그러나 미약하지만, 저를 필요로 하는 곳이 있음을, 제가 아니면 그 누구도 그 자리를 대신해 줄 수 없음을 깨닫게 되었습니다.

엄마가 없으면 불안해하는 우리 아이들을 따뜻하게 감싸주면서 사랑을 주고, 남편의 정신적, 육체적 건강을 위해서 저의 노력이 필요하며, 그리고 가족 간의 화합된 유대관계를 위해서, 부족하지만 제가 아니면 채워지지 않는 많은 부분이 있음을 알게 되었습니다.

저는 분명 가족들에게 사랑을 주는 존재며, 또한 사랑을 받고 있는 존재임을 자각했고, 정말 소중하게 열심히 살아야 하겠다는 다짐을 하게 되었습니다.

저희 부부 사례를 바탕으로 한 대화 잘 읽어보셨나요?

우리는 모두 귀하고도 존귀한 존재입니다.
이렇게 귀중한 우리가, 세상을 부정적으로 생각하고 외롭게 살아가는 것은 매우 불행한 일입니다.
우리는 이런 부정적 생각으로 행동하면서, 배우자와 갈등을 겪으며 살기에는 너무 아까운 존재입니다
우리는 서로 사랑하고 존경하며, 즐겁고 행복하게 살아야 합니다.

저는 그동안 아내와 속마음을 터놓고 진솔한 대화를 하지 못하였습니다.

그래서 자주 오해를 불러일으키고 갈등하고 했었는데, 아내의 관점에서 한 번 더 생각하고 속마음을 알려고 노력하니까 서로가 가까워짐을 알게 되었습니다.

이처럼 서로 마음을 터놓고 대화하면서 서로를 위해 노력하고 배려해야 합니다. 나 자신을 지극히 사랑할 수 있는 사람은, 자신의 배우자를 지극히 사랑할 수 있습니다.

서로 사랑하고 사랑받으며 사는 행복하고 즐거운 삶을 선택하십시오. 선택은 여러분의 각자에게 달린 몫입니다.

이제 이 책을 읽는 여러분들도 중요한 선택을 결심해야 합니다.

각자 자신을 부정적으로 보면서 지금의 행동 방식대로 머물러, 남과 동떨어진 외로운 생활을 선택할 것인지, 아니면 자신을 스스로 소중하게 생각하며, 배우자에게 자유롭고 솔직하게 개방하며 살 것인지를 선택하는 것은, 여러분 각자의 몫입니다.

제3장
사랑은 결심이다

1. 부부 소통을 위한 말하기 5단계

1단계) 혼인에 대한 기대 말하기

▶▶ 아내의 이야기(W)

제가 성장하면서 언론매체나 주변 사람들로부터 혼인에 관한 많은 이야기를 들으면서 가졌던 혼인에 대한 기대에 대해서 말씀드리겠습니다.

"여자 팔자는 뒤웅박 팔자", "귀머거리 3년, 장님 3년, 벙어리 3년", "남편은 하늘 아내는 땅", "여자는 시집가면 죽어도 그 집 귀신이 되어야 한다.

"옛날에는 '아내를 남편의 종'이라 했는데, 오늘날에는 '남편을 아내의 종'이라 한다. "남자는 왕자병 여자는 공주병" "화장실과 처가는 가까워야 한다. 못생긴 것은 용서해도 백수는 안 돼", "사랑이 밥 먹여주나?"

또 "결혼은 로맨스의 무덤이다", "결혼은 경제적 조건이 좋아야 한다.", "남자는 도둑이다"라는 등등의 혼인에 대한 다양한 이야기들을 들으며, 혼인은 마냥 꿈에 부푼 환상이 아니라 현실의 연장이라는 생각이 들었습니다.

▸▸ 남편의 이야기(H)

제가 가족이나 친지들로부터 혼인에 관한 이야기를 들으며 가졌던 혼인 데 대한 태도와 기대에 대해서 말씀드리겠습니다.

저는 어린 시절을 농촌에서 살았기에 여자들도 농사일을 많이 하는 것을 보고 자랐습니다. 그러다 보니 여자도 건강하고 힘이 있어야 한다는 생각에서 가냘프고 힘없어 보이는 여자를 아내로 맞이하면 안 된다는 생각이 있었습니다. 통통하고 힘도 좋아야 농사일을 잘하고 아기도 잘 낳으며 몸도 아프지 않아야 돈이 들지 않겠다는 생각에서였습니다.

그리고 저희 어머니가 성격이 억세고 욕심이 많아 아버지가 어머니에게 끌려다니는 모습을 보면서 남자는 집안의 기둥으로서 중심을 꽉 잡고 아내를 휘어잡아야 하며 여자는 남자가 하자는 대로 순종해야 한다고 생각했습니다.

▶▶ 아내의 이야기(W)

저도 혼인에 대한 기대에 대해 말씀드리겠습니다.
어머니께서는 여자는 혼인하면 출가외인이니 친정 일에
관여하지 말고 시댁 식구를 잘 공경하며 열심히 살라고
하시면서 딸이 고생하는 것을 원하시지 않아 장남과는 혼
인하지 말라고 말씀하셨습니다.

또 가까운 이웃에 사시는 친척 아주머니께서는 남편이
한 직장에 만족하지 못하고 이리저리 옮겨 다니다 보니
경제적으로 어려워 자신이 일하면서 가정 살림하시느라
많이 고단하고 미래가 불안하다 하시면서 결혼은 현실이
고 맞벌이 부인은 아내, 엄마, 주부, 직업인 등 1인 4역을
해야 하는 힘든 생활이니 튼튼한 직장을 가진 남자와 혼
인해야 고생하지 않는다고 말씀하셨습니다.

반듯한 직업이 없는 장손인 아버지와 혼인하신 어머니
의 힘겨운 생활과 친척 아주머니의 고생하시는 모습을 보
며 자란 저는 경제적으로 여유 있는 것도 중요하지만 그
보다는 장래가 보장되는 확고한 직업을 가진 사람과 혼인
하고 싶었고, 체력도 약한 제가 시부모님을 책임져야 하
는 장남과는 혼인하지 않겠다고 생각하였습니다. 그래서
제가 혼인할 때는 저의 있는 그대로를 잘 이해해 줄 수
있는 성실하고 책임감 있는 사람과 혼인하여, 소박하고
단란한 가정을 이루고 살아야겠다는 기대를 하였습니다.
2단계) 추억 회상하기 (로맨스)

지금부터 아내와의 달콤했던 로맨스에 대해서 말씀드리겠습니다. 동창의 소개로 만난 아내의 첫 모습은 밝고 환한 얼굴에 햇빛에 비친 이슬방울처럼 영롱한 눈망울이 제 시선을 사로잡았습니다.

단정하고 검소하게 차려입은 옷차림에서는 허영심이나 억지 꾸밈이 없어 보여 착하고 진실하게 보였으며, 온종일 직장 일을 마치고 만나는 퇴근 시간이었는데도 활기가 넘치고 발랄한 아내의 모습은 제가 평소 그리던 여인의 모습이었습니다.

모든 것을 긍정적으로 생각하고, 조용하며 얌전하고 다소곳한 모습에서 순한 양을 보는 듯 예쁘고 사랑스러운 느낌이 들었습니다. 날이면 날마다 아내가 퇴근하는 시간을 애타게 기다리다 만나서 커피를 마시며 달콤한 시간을 보냈습니다. 공원의 나무들은 춤을 추며 우리 두 사람을 축하해 주는 듯했고, 벤치에 앉아 바라보는 밤하늘의 초롱초롱한 별들은 우리의 만남을 위해 뿌려놓은 보석처럼 보였습니다.

가슴에 꼭 안고 입맞춤할 때는 세상의 모든 것을 다 얻은 듯하였으며, 가슴으로 전해오는 전율은 제 머릿속을 하얗게 만들었습니다. 아내의 너그러운 마음은 엄마 품에 안겨 있는 아이처럼 아늑하고 포근하였으며, 아내와 같이 걷는 가로등 없는 밤길은 더욱 가까이 붙어있게 해주어 더더욱 신이 났습니다. 손을 잡기도 하고, 팔짱을 끼기도 하고, 어깨를 감싸며 걷는 길은 아무리 걸어도 지치지 않는 신나는 길이었습니다.

늦은 밤에 아내의 집 앞에서 돌아서는 마음은 늘 아쉬움이 남았고, 망설이다 돌아서는 마음은 어미 소와 헤어지는 어린 송아지가 된 듯이 서운하고 아쉬운 마음이었습니다. 어서 빨리 혼인해서 아내와 함께 산다면 세상에서 부러울 것이 하나도 없을 것 같았으며, 무지개 색깔의 아름다운 행복이 가득할 것 같은 기대감으로 부풀었습니다.

혼인 날짜를 잡고 같이 혼수 준비하러 다니던 중 구두 판매장에 갔는데 아내의 발이 너무 작아서 어떤 신발을 신어도 깜찍하고 너무나 예뻤습니다.

아내가 혼수로 준비해 온 솜이불 위에 누우면 뭉게구름 위에 누워있는 것처럼 아늑하고 포근하였습니다. 아내가 내 곁에만 있으면 밥을 굶어도 돈이 없어도 행복하였고, 내 모든 것을 다 주어도 아깝지 않았으며 아내가 원하는 것은 무엇이든 해 주고 싶었습니다.

아침마다 아내가 차려주는 밥을 먹고, 깨끗하게 다려놓은 와이셔츠를 입고 출근할 때는 소풍 가는 아이들의 발걸음처럼 가볍고 활기찼으며, 퇴근 후 수고했다는 말과

함께 반겨주는 아내의 모습에서 따뜻함과 풍요로움이 가
득함을 느꼈습니다.

▶▶ 아내의 이야기(W)

　저도 남편과 아름답고 달콤했던 로맨스에 대해 말씀드리겠습니다. 군대를 갓 제대한 남편의 첫 모습은 자주색 정장 차림에 머리는 스포츠형으로 단정하였고, 생기 있는 눈망울은 아직도 군인의 정신이 남아있는 듯 다부져 보임이 주변을 압도하는 듯한 강인한 느낌이었습니다

　하지만 성격이 소극적인 저는 남편이 왠지 제게는 맞지 않는 옷처럼 어색하게 느껴져 눈도 제대로 마주치지 못하는 불편한 시간이었습니다.

　그러나 만남이 거듭될수록 솔직하고 적극적인 남편에게 빠져들어 어느새 길을 걸을 때도 손을 잡고 걷는 자연스러운 연인이 되어가고 있었습니다. 근무 중 전화벨이 울리면 혹시 남편인가 싶어 두근거리는 마음으로 재빨리 수화기를 들었고, 출입문을 자주 바라보는 버릇도 생겼습니다.

　퇴근길에 둘이 손잡고 걷다 보면 어느새 집이 눈앞이었고, 헤어지기가 아쉬워 벤치에 앉아 속삭일 때는 모기가 물어대는 것쯤은 넓은 아량으로 봐주기도 하였습니다.

　우리는 자주 야외로 나가 둘만의 시간을 즐겼고, 한적한 곳에서 남편과의 달콤한 입맞춤은 마치 온 세상이 멈춰버리기라도 한 듯 짜릿하고 황홀하였습니다.

하루가 멀다고 제게 편지를 보내주는 자상한 남편에게, 이미 제 마음과 모든 생활이 맞춰져 있었고, 헤어지지 않아도 될 날이 빨리 오기만을 기다렸습니다.

이처럼 듬직한 이 남자라면 제 인생을 다 맡겨도 아깝지 않을 만큼 충분히 흥분되고 가슴이 벅차올랐습니다.

혼인을 준비하며 이제는 더 이상 아쉬운 헤어짐을 하지 않아도 된다는 사실이 솜사탕 먹는 어린아이처럼 신이 났고, 하나둘 준비하는 예쁜 살림 도구는 우리의 달콤한 신혼생활을 더욱 풍요롭게 해 주는 보물이었습니다.

식성이 소박한 남편은 소꿉장난하듯 서툰 솜씨로 해 주는 반찬을 맛있게 먹으며 칭찬을 아끼지 않았고, 저는 더 맛있는 식사 준비를 위한 행복한 마음으로 하루하루를 보냈습니다.

퇴근 때면 뚜벅뚜벅 걸어오는 남편의 발소리는 반가움에 저를 설레게 했고, 따뜻한 포옹은 하루의 기다림을 보상이라도 해 주는 듯 포근했습니다.

적은 용돈도 아껴 쓰고 남겨서 생활비에 보태라고 내미는 남편의 성실함은 차곡차곡 쌓여 가는 통장을 보는 것처럼 흡족하였습니다.

우리의 소중한 선물인 첫아기를 임신하였을 때, 남편은 아빠가 된다는 사실에 하얀 눈이 내리는 날 뛰어다니는 강아지처럼 즐거워하였고, 제가 힘이 들까 봐 직접 음식을 챙겨 먹기도 하며, 세상에서 저 혼자만 아기를 가진 것처럼 위해 주었습니다.

아기의 소리가 들리기라도 하는 양 점차 불러오는 배에 귀를 대보기도 하고, 뭉클뭉클 발길질하는 아기의 태동을 느끼며 이 녀석 힘이 센 모양인데 엄마 너무 힘들지 않게 살살 차라고 아기에게 애정 어린 부탁을 하는 남편이 항상 제 옆에 있다는 사실만으로도 제게는 부족함이 전혀 없는 백만장자가 된 것 같은 풍요로운 느낌이었습니다.

3단계) 결혼 생활과 실망에 대해 말해보기

▶▶ 남편의 이야기(H) 환멸

세월이 지나면서 아내와의 관계에서 김빠진 맥주처럼 서서히 실망스러웠던 점들을 말씀드리겠습니다.

건강하고 활기가 넘치던 아내는 조금만 걸어도 힘들다고 하고, 집안일도 힘들어해서 빨랫감은 쌓이고 집안 곳곳이 어질러져 저는 혼란스러움을 느끼곤 하였습니다.

짜증이 난 제가 젊은 사람이 왜 그렇게 약하냐고 한마디라도 던지면, 아내는 내가 아프고 싶어서 아프냐고 되받아치면서 냉전이 시작되어 말도 하지 않았습니다.

혼인 전 다소곳하고 순한 양 같던 아내는 어디로 가고, 사나운 이리를 만난 것 같은 두려운 느낌이 들면서 실망스러워지기 시작하였습니다.

또 아내의 여유롭고 풍족한 성격이 좋았었는데, 씀씀이가 큰 아내는 먹고 남은 음식을 냉장고에 넣으면 언제 나올지 모를 정도로 음식을 넉넉하게 준비합니다.

아깝기도 하고 낭비하는 것 같아서 아내에게 알뜰하게 생활하자고 하면, 남자가 대범하지 못하고 좀스럽게 군다고 핀잔을 줄 때는 길을 가다가 지갑을 잃어버린 것처럼 아까운 느낌도 들고, 정답을 말했는데 틀렸다고 했을 때처럼 답답하고 황당한 느낌이 들기도 하였습니다.

아내는 경제적으로 힘들게 자랐어도 올곧게 자라서 진흙 속에서 피어난 연꽃 같았는데, 자신이 늘 부족하고 못났다고 생각하면서 자신을 비하하고 의기소침할 때는, 겸손함을 넘어 자신감이 부족한 모습으로 보여 음식을 먹고 체한 것처럼 답답하였습니다.

또 외우는 것도 잘하고, 암산도 잘하며, 말도 조리 있게 잘하는데, 언제나 자신이 부족하다고 스스로 평을 할 때는 자기 밥그릇에 밥을 가득 담아놓고 모자란다고 떼를 쓰는 아이를 보는 것처럼 짜증스러운 느낌이었습니다.

좋은 일이든 궂은일이든 집안의 여러 일들을 아내가 더 많이 신경을 쓰고 고민하는 모습을 보면서 맏며느리로서 믿음직스럽다고 생각했었는데, 다른 형제들과 서로 의논해서 해도 될 일도 혼자서 다 하려고 하는 모습을 보면 나 혼자만 손해를 보는 것 같아서 무거운 짐을 혼자만 지고 가는 것처럼 화가 나고 아내에 대한 실망감만 커졌습니다.

▶▶ 아내의 이야기(W) 환멸

남편과 함께라면 항상 즐겁고 행복할 수 있으리라는 달콤했던 저의 신혼의 단꿈은 빛이 바래가는 사진처럼 서서히 환상이 깨어지고 있었습니다.

제가 임신했을 때 행여나 힘이 들까 봐 직접 음식도 챙겨 먹는 자상했던 남편이 예고도 없이 수시로 동료 직원들과 집으로 들이닥쳐 마실 차나 음식을 준비하라고 하여 저를 당황하게 만들기 일쑤였습니다.

게다가 특별히 바쁜 일이 있는 것도 아닌데, 아이들 키우느라고 힘이 드는 저를 도와주기는커녕, 아이가 보챈다고 빨리 달래라고 짜증스럽게 말하는 남편이 맛있는 음식을 먹어보라고도 하지 않고, 자기 혼자서만 다 먹는 이기적인 사람처럼 보여 야속한 생각이 들었습니다.

주변 사람들의 시선을 별로 의식하지 않는 남편은 자신의 마음이 내키지 않을 때는 친정 식구들을 무시라도 하는 듯이 잘 어울리지 않고 물과 기름처럼 겉돌아 저는 친정 식구들 뵙기가 민망하고 죄송하여 빨리 그 자리에서 벗어났으면 하는 생각뿐이었습니다.

또한 시어머니와 같이 제가 쓴 가계부를 보면서 이야기하는 소리를 들었을 때, 아내를 신뢰하지 못하고, 좀스럽게 어머니와 같이 아내의 가계부나 들춰 보는 남편에게 불쾌하였고, 뒤통수를 얻어맞은 것처럼 머릿속을 쭈뼛하게 만들었습니다.

혼인 전에는 부모님 앞에서도 자신 있게 버팀목이 되어주었고, 어떤 어려움도 따스한 사랑으로 녹여줄 것만 같았던 너그럽고 든든한 남편이었는데, 어머니의 부당함을 보면서도 바른말 한마디 거들지 못하는 남편의 공정하지 못한 모습은 열심히 공부했는데 어이없는 실수로 중요한 시험을 망쳤을 때처럼 실망스러웠습니다.

적은 용돈도 아껴 쓰고 절약하는 남편이 성실하게 보여서 내 인생을 맡겨도 경제적 어려움은 없을 거라는 생각에 흡족했었는데, 물건을 살 때면 제 마음대로 선뜻 사지 못하고 남편의 눈치를 살피게 되고, 낭비한다는 소리라도 듣지는 않을지 긴장이 되었습니다.

한번은 제가 만삭이었을 때 남편과 야외로 나간 적이 있습니다.
갈증을 느껴 시원한 사이다가 마시고 싶다고 이야기하자 남편은 대뜸 제게 사이다 먹으러 여기에 왔느냐고 면박을 주며, 일언지하에 제 이야기를 묵살 하는 것이었습니다. 절약이 지나쳐 사이다 한 병도 마음대로 먹을 수 없는 저 자신이 처량하였고, 너무나 인색한 바오로와 한평생 발맞추며 살아갈 일이 깊은 산속에 혼자 고립된 것처럼 외롭고 슬펐습니다.

아이들에게 공부 좀 하라고 나무라면, 남편은 저와 머리를 맞대고 고민해 주기는커녕, 오히려 아이한테 잔소리가 심하다고 제게 짜증을 냅니다.

　아이는 저 혼자서 낳은 것이 아니고, 돈만 대 준다고 해서 끝이 아닌데, 아이의 교육에는 관심이 없고, 자신이 편한 대로만 행동하는 이기적인 모습을 보며 맛있는 떡을 먹고 체했을 때처럼 답답한 마음이었습니다.

4단계) 서로에 대한 실망이
결혼 생활에 끼치는 영향에 대해 생각해보기

▸▸ 남편의 이야기(H)

아내와 함께 살면서 겪은 실망과 외로움이 제 행동에 어떤 영향을 주었는지 말씀드리겠습니다.

아내의 초라하고 맥 빠진 모습은 시들어가는 꽃을 보는 듯 허탈한 느낌이 들어 혼인 생활이 즐겁지 않았으며, 앞날의 희망도 보이지 않아 추수가 끝난 텅 빈 들판에 외롭게 서 있는 허수아비의 모습처럼 쓸쓸한 기분이 들었습니다.

저는 아내와 부딪히지 않으려고 꼭 필요한 말과 일상적인 평범한 대화만 간단히 하고, 아내에게는 무관심한 채 시간 대부분을 저 혼자서 보냈습니다. 왜 결혼이 현실이고, 로맨스의 무덤이라고 했는지 이해가 되었습니다.

이처럼 혼인 생활에서 충족되지 못한 기대는 혼인 전 제가 혼자 살 때와 다름없는 태도와 행동으로 되돌아가도록 만들었습니다.

▶▶ 아내의 이야기(W)

실망과 외로움이 깊어갈수록 저의 관심은 남편에게서 차츰 멀어져 갔습니다. 저는 남편과 부딪히는 것을 피하려고 일정한 거리를 두고, 꼭 필요한 말이나 아내의 의무만 하면서 평화를 유지하려고 노력하였습니다.

또 남편과 같이 있는 시간보다는 아이들과 같이 있는 시간에 마음이 더 편하여 주로 아이들과 많은 시간을 가졌습니다.

남편이 쉬는 날이면, 저는 아이들 놀게 해 준다며 남편은 집에 둔 채 아이들과 밖으로 나가 늦도록 시간을 보냈고, 집으로 돌아오는 길은 창살 없는 교도소에 들어오는 것처럼 답답한 마음이었습니다.

신혼 초에는 남편을 우선으로 생각하고 의논하던 일을 친정 식구들과 의논하거나 혼자서 해결하였고, 마음이 답답할 때는 친구들과 통화해서 해결하였습니다.

남편과 함께하는 친정 나들이를 되도록 삼갔고, 시댁에도 제가 꼭 같이 가지 않아도 될 때는 아이들 핑계를 대고 남편 혼자 가기를 바랐습니다.

오로지 아이들 교육과 잃어버린 저 자신을 찾는 데에
모든 관심과 열정을 쏟았습니다.

이러한 생활을 우리는 '혼인한 독신생활'이라고 합니다.
'혼인한 독신'생활방식은 혼인했으면서도 마치 혼자 사
는 것처럼 생각하고 행동하는 것입니다.
이런 방식의 삶은 우리를 어쩔 수 없이 점점 깊은 환멸
로 빠지게 합니다.

5단계) 혼인한 독신생활에 대해 경험 말하기

▶▶ 남편의 이야기(H)

지금부터 제가 혼인한 독신생활을 하며 깊은 환멸에 빠졌던 경험을 말씀드리겠습니다.

신혼 때는 얌전하고 다소곳한 모습이 여자답게 참신해 보여서 마음이 흡족했었는데, 살다 보니 이런 모습들이 답답함으로 다가왔습니다. 부부 관계 안에서의 일은 대화를 통해서 엉킨 실타래를 풀듯이 해결해야 하는데, 사소한 언쟁이라도 있게 되면, 아내는 제게 눈길 한번 주지 않고 침묵으로 며칠씩 시위하곤 합니다.

처음 이삼일은 참고 기다리지만, 문제 해결에는 관심이 없고 저를 곤경에 빠트리려고만 하는 행동에 화가 나서, 저는 그냥 될 대로 되라는 식으로 자포자기하고 맙니다.

고등학교에 다니는 큰아이의 일로 아내와 의견충돌이 있었습니다. 아이가 고등학교 3학년인데도 공부를 열심히 하지 않아서 아이와 같이 대화를 하던 중 자신이 갖고 싶은 것을 사 주면 열심히 공부하겠다는 이야기를 듣게 되었습니다.

아이의 요구는 아내가 반대할 것이 불 보듯 뻔했지만,

저는 어떻게든 아이가 열심히 공부해 주기를 바라는 마음에서 아내와 상의하지 않고 아이의 부탁을 들어 주었습니다.

얼마 뒤 우연히 이 사실을 알게 된 아내는 자신의 존재를 무시하고 엄마로서 그리고 아내의 자격을 박탈당했다며 세상이 무너진 것처럼 식음을 전폐하고 화를 내며 침묵시위로 들어갔습니다.
너무나 크게 화를 내서 대화할 엄두를 내지 못하고 이삼일이면 풀어지겠지 하는 마음으로 화가 나도 꾹꾹 눌러 참고 기다렸습니다.
하지만 십여 일이 지나도록 말도 하지 않고 낙담하며 한숨으로만 하루하루를 보내고 있었습니다.

아이의 교육을 위해서 같이 고민해 주지는 못할망정 옹졸하게 마치 다시는 보지 않을 것처럼 저를 무시하고 피하는 아내가 서운하다 못해 괘씸한 생각까지 들었습니다.

아이 앞에서 아빠의 권위는 계급장 없는 초라한 군복을 입고 있는 포로처럼 초라하고, 처참하게 구겨졌고, 금방이라도 소나기가 쏟아질 것처럼 잔뜩 찌푸리고 있는 모습에선 다시는 평화가 올 것 같지 않은 절망감만 느껴졌습니다.

사람들이 왜 여우 같은 사람과는 살 수 있어도 곰 같은 사람과는 살 수 없다고 했는지 공감할 수 있었습니다.

저는 아내의 얼굴을 보기가 싫어서 퇴근 후에도 늦은 밤까지 친구들과 어울렸고, 술에 취해서 그 고통을 잊으려고 했습니다.

아내와의 혼인 생활은 더 이상의 기대나 희망이 없었으며, 가도 가도 끝이 보이지 않는 어두운 미로 속에서 헤매는 것처럼 답답하고 암울한 느낌이었습니다.

▶▶ 아내의 이야기(W)

저도 환멸에 빠져들게 된 혼인한 독신생활의 예를 발표하겠습니다.

신혼 때는 제가 도와 달라하기도 전에 무슨 일이든지 알아서 잘 도와주고, 혹시 실수해도 그럴 수도 있다며, 제 실수를 덮어주고 배려해 주던 다정했던 남편이 조그만 일에도 신경이 날카로워지고, 얼음장처럼 차갑고 냉정한 모습으로 서서히 변해가고 있었습니다.

어느 날 외출을 했다가 돌아왔는데, 남편의 친구는 어정쩡하게 서 있었고, 남편은 그릇을 씻고 있었습니다. 남편은 저를 보자 대뜸 살림을 이따위로 하느냐고 그릇을 집어 던지며 친정에 가서 다시 배워오라고 소리를 치는 것이었습니다.
엉겁결에 당한 일이어서 정신이 없던 저는 잠시 후 상황 파악해보니 친구들하고 먹을 것을 찾다가 오래된 음식을 발견하고, 그 일로 친구들이 보는 앞에서 제게 난리를 치는 것이었습니다.

무슨 대단한 죄를 지은 것도 아니고, 화를 내도 친구들이 돌아간 뒤에 내면 좋을 텐데, 남자가 그런 일로 친구들 앞에서 자기 아내를 이렇게 모욕을 주나 생각하니, 앞으로 그 친구의 얼굴을 어떻게 봐야 할지 도살장에 끌려가는 송아지처럼 두려웠고, 발가벗겨져 길거리에 내동댕

이쳐진 것처럼 온갖 모멸감과 수치감이 엄습해 왔습니다.

모든 걸 책임져 줄 것 같았고, 또 내가 그토록 믿고 의지했던 사람이, 이만한 일로 친정을 들먹이며 저를 친구들 보는 앞에서 얼굴도 들지 못하도록 만신창이로 만드나 생각하니 더 이상 갈 곳이 없는 벼랑 끝에 선 것처럼 절망스러웠습니다.

집안은 순식간에 차디찬 얼음장처럼 냉랭해졌습니다. 얼굴도 쳐다보기가 싫어 밥상을 내던지듯 차려놓고 그 자리를 피했습니다.
마치 아무 일도 없었던 것처럼 밥을 먹고 있는 남편을 보며 이 상황에 밥이 목구멍으로 넘어가는지 참으로 뻔뻔하다는 생각이 들었고, 생각 같아서는 먹는 밥을 뺏어버리고 싶을 만큼 분노가 치밀었습니다.
남편과 한 공간에서 숨 쉬고 있는 시간이 지옥 같아서, 남편의 퇴근 시간이면 무언가를 훔치다 들켜서 겁에 질린 아이처럼 두려웠고, 발소리가 들리면 경찰에게 쫓기기라도 하는 것처럼 가슴이 철렁 내려앉았습니다.

남편을 피해 어디론가 훌쩍 떠나고 싶은데, 어린아이들을 두고 갈 수도 없었고, 그렇다고 친정에 가서 엄마 마음을 상하게 하소연할 수도 없었습니다.

내 사는 모습을 들킬까 봐 친구들에게는 창피해서 연락할 엄두도 내지 못했고, 정말 이 세상에는 내가 갈 곳도 마음 편히 쉴 곳도 하나도 없다는 생각에 황량한 벌판에서 혼자서 세찬 비바람을 맞고 있는 것처럼 고독하고 처참하였습니다.

평소 시어머니는 저희 집에 오시면 저를 감시하는 것처럼 제가 잠자는 틈을 이용해 온갖 살림을 다 들춰 보셔서 짜증 나게 하시곤 했는데, 남편이 어쩌면 어머니를 꼭 그렇게 닮았을까 하는 생각에 정말 진저리쳐지기 싫어졌습니다.

소박하고 단란한 가정을 꿈꾸며 신혼 때 느꼈던 남편과의 사랑은 더 이상 없었고, 사람을 보는 안목이 이 정도밖에는 안 되는 제가 참으로 어리석었다는 절망감이 저를 힘들게 하였습니다.

날이 갈수록 남편에 대한 배신감이 커져서 남편을 쳐다보기도 싫었고, 심지어는 목소리를 듣는 것도 소름이 끼칠 정도로 싫었습니다.

더구나 무너져가는 혼인 생활을 다른 사람들 앞에서는 아무 일도 없는 척 태연하게 감추어야 하는 저 자신이 측은하였고, 앞으로 살아갈 날이 끝이 없는 평행선처럼 아득하게만 느껴졌습니다.

2. 사랑하는 것은 결심이다.

우리는 환멸의 소용돌이에 갇혀 있는 것만 있는 것은 아닙니다. 우리는 모두 때때로 배우자와의 관계에서 점점 깊어지는 듯싶은 환멸의 소용돌이를 체험합니다.

그런데 다행인 것은 그 환멸의 소용돌이에 그대로 갇혀 있지 않아도 된다는 것입니다.

이제 어떻게 그 소용돌이에서 빠져나올 수 있는지를 말씀드리겠습니다.

지금 여러분의 메모장에 "사랑하는 것은 결심이다"를 크게 쓰십시오.

그럼 지금부터 아내를 매일매일 사랑하기로 결심하고, 환멸의 소용돌이에서 빠져나온 경험을 말씀드리겠습니다.

▶▶ 남편의 이야기(H)

신혼 때의 밝고 생기가 넘치던 얼굴은 어디로 가고, 차디찬 얼음처럼 얼굴에 핏기라고는 없는 아내를 보면서, 나를 사랑해서 혼인했고, 아들딸 낳아 기르고, 힘든 일도 마다하지 않고 이런저런 눈치까지 봐 가며 살아온 사람인데, 내가 감싸주지 않으면 누가 감싸줄까 하는 안타까운 마음이 들었습니다.

저는 남자인 제가 먼저 화해를 청해야겠다고 마음의 결심을 하고서 막상 아내와 마주치면 저렇게 인상만 쓰고 있는 사람에게 자존심 상하게 '화해는 무슨 화해야' 하는 마음이 입을 다물게 하였습니다.

그리고 만일 제가 화해를 청한다 해도 화해를 받아주기는커녕 오히려 면박만 받게 될 것 같은 생각이 들어 화해하겠다는 생각이 천 리 밖으로 달아났습니다. 그러나 저만을 의지하며 살아가는 아내에게 계속 고통을 주어서는 안 되겠다는 생각이 들었습니다. 저는 아내의 평소 고운 마음씨와 자상하고 성실한 모습을 떠올리며 모든 것은 제 탓이었음을 인정하고 아내를 사랑하기로 결심하였습니다.

아내를 사랑하기로 결심하고 제가 먼저 화해를 청하고 나니 마음이 가벼워지고, 무거운 멍에를 벗은 듯 홀가분한 느낌이 들었습니다.

▶▶ 아내의 이야기(W)

저의 경험도 말씀드리겠습니다.

남편에 대한 배신감으로 시간이 지날수록 옆에 오는 것도 싫었고, 남편을 쳐다보기도 싫은 저는 앞으로 살아갈 날들이 창창한데 이런 마음으로 어떻게 살아가야 할지 끝도 없는 컴컴한 터널을 지날 때처럼 답답하고 불안하였습니다.

생각할수록 남편의 경솔한 행동이 용서되지 않았고, 앞으로 또 이런 일들이 없으리라고 장담할 수도 없어 혹시라도 남편이 화해를 청한다 해도 받아주고 싶은 마음은 눈곱만큼도 없었습니다.

저는 저대로 남편과 말도 섞지 않고 상처를 곱씹으며 힘든 나날을 보내고 있었고, 남편 또한 힘든 생활을 하고 있음이 눈에 역력했습니다. 자신감이 넘치던 어깨는 축 늘어졌고, 할 일 없이 텔레비전만 바라보고 있는 뒷모습은 부모 없는 고아처럼 외롭고 쓸쓸해 보였습니다. 아이들의 재롱에도 거친 세상 풍파를 다 겪은 사람처럼 귀찮아하며 다정하게 웃음 한 번 보여주지 않았습니다.

밤새 이리저리 뒤척이다 아침도 먹는 둥 마는 둥 하고, 가족을 위해 회사로 출근하는 모습을 볼 때는 어떠한 어려움이 있어도 참고 사랑하겠다고 한 혼인 때의 결심을 너무 쉽게 져버리는 것은 아닌가 하는 생각이 제 마음을 흔들었습니다.

시간이 흐를수록 제가 너무한 것이 아닌가 하는 마음의 고통이 저를 무겁게 짓누르고 있었습니다. 제가 조금만 너그럽게 생각했더라면 이렇게 어려운 상황까지 가지 않았을 수도 있는데, 제가 어리석어 서로를 힘들게 하고 있다며 저의 완고한 마음을 열어주시라고 하느님께 간절히 기도 드렸습니다.

제가 청하는 화해를 남편이 우습게 보지는 않을지, 또 거절하지는 않을지 갈등이 많았지만, 하느님께서 도와주실 거라는 확신을 하고 용기를 내어 남편에게 화해를 청하였습니다.

서로 어색한 느낌이 없지는 않았지만, 우리는 서로를 좀 더 이해하고 배려하며 살자는 약속을 하였고, 추운 겨울날 따사로운 햇살을 받는 것처럼 오랜만에 평화로움을 느꼈습니다.

많이 망설였지만 헤어지는 것보다 남편에게 화해를 청한 것은 잘한 일이라고 저 자신을 격려했고, 비록 제 맘에 들지 않는 부분이 있더라도 남편의 있는 모습 그대로를 인정해 주어야겠다는 결심도 하였습니다. 이처럼 제가 가졌던 환멸은 저를 더욱 성숙시키는 계기가 되었습니다.

3. '공정한 부부싸움'을 위한 요령

부부싸움도 때로는 건설적인 의사소통이 되며 사랑하기로 결심하는 한 방법이 될 수 있습니다. 사랑하기로 결심하는 것 중의 하나는 우리들의 관계를 위해서 부부싸움까지도 무릅쓰는 것입니다. 우리는 이것을 '공정한 부부싸움'이라고 합니다.

우리 관계를 위해서 공정하게 싸우는 법칙인 부부싸움의 요령을 보겠습니다.

우리가 쓰는 싸움이라는 말은 절대로 신체적 또는 정신적 폭력을 말하는 것은 아닙니다.

1. 비평하지 마십시오.
비평하거나 비꼬는 언사는 상처를 주고 소속감을 파괴합니다.

2. 모독하는 말을 하지 마십시오.
나쁜 별명을 부르거나 인격을 모독하는 언사는 화나게 합니다.

3. 탓하지 마십시오.
누구 탓인가를 따지는 것은 시간 낭비입니다.

4. 절대적인 말은 마십시오.

너무 절대적인 말들, "당신은 항상", "당신은 한 번도", "언제나"라는 말은 사실이 아닙니다.

5. 시작한 싸움은 끝을 내십시오.

자리를 뜨거나 눈물로 중단한 싸움은 휴전일 뿐입니다, 휴전은 종전이 아닙니다.

6. 마주 앉아 싸우십시오.

가까이에서 눈을 마주 보거나 손을 잡는다든지 부드럽게 만지는 것은 두 사람의 사랑만 있으면 못 할 일이 없다는 것을 서로에게 알려 주는데 도움을 줍니다.

7. 제3자를 개입시키지 마십시오.

부모나 친구나 직장동료는 두 사람의 싸움에 아무런 도움이 안 됩니다. 사실상 문제는 두 사람입니다.

8. 이럴 때는 싸우지 마십시오.

한 사람이나 두 사람 모두 이성을 잃을 정도로 흥분했거나, 술에 취했거나, 약 기운이 있을 때는 절대로 싸우지 마십시오.

9. 이기려고 싸우지 마십시오.

싸우는 것은 각자의 입장과 느낌을 분명하게 밝히기 위해 싸우는 것입니다. "내가 이겼다"라면 나는 패배자와 같이 자게 될 것입니다.

10. 중요한 것은 우리 자신임을 잊지 마십시오.

가장 중요한 것은 싸우는 내용 자체보다 우리 자신입니다. 누가 옳은가를 따지는 것은 부부 관계를 원만하게 유지하는 것보다 중요하지 않습니다.

▶▶ 아내의 이야기(W)

비 온 뒤땅이 더 굳는 것처럼 남편과의 화해는 저희 부부가 신혼 때보다 더욱 성숙한 사랑을 할 수 있게 하였습니다.

남편의 사랑을 받으려고만 했던 철없는 아이 같은 마음을 버리고, 사랑하는 아이들의 아빠이고, 하느님께서 짝지어준 사랑하는 내 남편인데, 그 사람을 있는 그대로 이해하고 배려해 주자고 생각하니, 제 마음이 한 뼘쯤은 자란 것 같았고, 밀린 숙제를 다 마쳤을 때처럼 편안하고 흡족하였습니다.

가까이서 본 남편의 얼굴은 제가 마음고생시켜서 그동안 주름이 더 깊어진 듯 보여 미안하였고, 더욱 살뜰하게 남편을 챙겨줘야겠다는 생각이 들었습니다.

남편을 예전처럼 다시 사랑하려고 결심하니, 남편이 예고 없이 친구를 데리고 와도 즐거운 마음으로 대접을 할 수 있었고, 친구들과 술을 마시고 늦게 들어와도 벌겋게 상기된 얼굴이 귀엽고 사랑스러워 보였습니다.

시댁을 방문하는 것도 남편이 말을 꺼내기 전에 제가 먼저 부모님을 찾아뵙고 인사 드려야 하지 않겠느냐며 남편을 흐뭇하게 해 주었고, 부족한 반찬으로 차려주는 식사를 맛있게 먹는 입도 사랑스러웠습니다.

적막만 흐르던 집안도 다시 생기가 넘쳐났습니다.
영문도 모른 채 눈치만 보던 아이들은 엄마 아빠 앞에서 한껏 재롱을 부리기 시작했고, 남편도 힘들었던 시간을 보상이나 해 주듯이 전보다 더욱 다정한 남편이 되어 있었습니다.

남편과 나누는 사랑스러운 대화는 다시금 제 가슴에 사랑의 불이 타오르게 하였고, 남편과 함께하는 시간이 화창한 봄날 꽃구경 가는 처녀들의 마음처럼 설레고 행복했습니다.

4. 배우자에게 사랑의 편지 쓰기

　사랑의 편지는 연애편지와 다릅니다.
　사랑의 편지는 나의 사랑을 배우자에게 표현하는 것이므로 배우자를 마음속에 두고 써야 합니다.
　배우자에게 말하듯이 대화체로 자연스럽고 사랑스러운 어투로 쓰시는데, 특별히 느낌을 솔직하고 무드러운 어투로 자세하게 묘사하여 배우자가 공감할 수 있도록 하는 것이 중요합니다. 나를 가장 잘 표현하는 것은 내 느낌이므로, 느낌을 솔직하게 적어서 전하는 편지는 나를 내어주는 사랑의 선물입니다.

　지금부터 사랑의 편지를 쓰는 법을 알려 드리겠습니다.

　사랑의 편지 첫머리는 "사랑하는 ___에게"로 시작하여 "당신을 사랑하는 ____로부터"라고 끝냅니다.
둘 사이에 흔히 쓰는 사랑의 말이 있으면 그것을 사용하셔도 되며, 연애 시절 편지를 쓸 때 어떻게 시작하고 끝을 맺었는지 생각해보십시오.

　사랑의 편지를 쓰실 때 자신이 쓴 글이 문법적으로 옳은지에 매달리지 마시고, 느낌 단어들과 느낌 표현을 찾아서, 자신의 느낌을 할 수 있는 한 완전하고 풍부하게 묘사하는 것이 중요합니다.

자신의 느낌을 정당화하려고 애쓰거나, 비난하거나 탓하지도 마시고, 자신에게 일어난 일을 보고서처럼 쓰거나, 합리화하려고 하거나, 지식적으로 쓰려고 하지 마십시오.

　자신이 배우자에 대하여 좋아하지 않는 점은 쓰지 마시고, 여생을 함께 할 배우자에게 자신의 가장 깊숙한 내면을 나타내 보이는 데 집중하십시오.

　편지를 쓰면서, 당신의 마음속 가장 최고의 자리에 배우자를 놓으십시오. 배우자에게 집중할 때 당신의 사랑이 이루어질 것입니다.

　사랑의 편지는 나를 내어주는 것이므로 배우자를 믿고 그 사랑의 편지에서 서로에게 할 수 있는 한 충분한 사랑을 표현해보시기 바랍니다.

제4장
듣기는 소통이다

1. 듣기란?

이번 장에서는 참가자들이 대화할 때 "머리로" 듣는 것과 "마음으로" 듣는 것을 구별하도록 돕기 위해, 듣기를 잘하려고 마음먹어도 실제로 잘 못 하게 만드는 장애를 찾아보고, 듣기를 잘하는 것이 어떤 것인지, 또 얼마나 중요한지에 대해 생각해 보겠습니다.

듣기를 잘하는 것과 상대방의 의견에 따른다는 뜻은 다릅니다.

예를 들어, 제가 외식하자고 아내에게 제의했을 때, 아내도 그것을 원해서 같이 외식을 하게 되면 듣기를 잘한 것이 되고, 저의 제의에 아내가 속으로는 내키지 않지만, 제 의사를 존중하여 외식을 하기로 하였다면, 그것은 제 제의에 동의하고 따라주기로 한 것입니다.

듣기를 잘하려면, 제 생각을 접어두고 자신의 느낌에서 벗어나, 배우자의 입장이 되려는 마음가짐이 중요합니다.

2. 듣기의 유형과 듣기에 장애가 되는 태도

우리는 배우자와 대화할 때 배우자의 속마음을 진심으로 이해하려고 정성을 다해 듣기를 해야 합니다.

그러나 듣기를 잘하려고 해도, 습관화되어버린 태도나 견해 차이 때문에 실천에 장애를 가져옵니다.

듣기에 장애가 되는 사례를 몇 가지 말씀드리겠습니다.

▶▶ 남편의 이야기

① 저는 기계적으로 듣는 경우가 있습니다.

　제가 컴퓨터 앞에 앉아서 이런저런 업무를 할 때, 아내가 제게 말을 걸어오거나 의논해 오면, 업무에 신경 쓰느라 건성으로 맞장구를 치거나 대답합니다.

② 성급하게 듣는 일도 있습니다.

　회사에서 바쁘게 일하고 있을 때, 아내가 제게 전화해서 아이들 문제로 이런 저런 이야기를 할 때는, 업무 중에 집안일로 신경 쓰고 싶지 않아 바쁘니까 다음에 이야기하자며 전화를 끊습니다.

③ 개인적인 과거의 일과 연관된 고정관념으로 듣기도 합니다.

　아내가 어려운 환경에서 많은 고통을 받으면서 살았던 이야기를 할 때면 저는 아내처럼 어렵게 살지 않았기에 그런 이야기들이 깊게 와 닿지 않아 속마음을 헤아리지 않고 단지 아내의 이야기로만 생각하며 듣습니다.

④ 또 판단을 미리 해 버리고 듣기를 하지 않는 때도 있습니다.

　가끔 아내가 사무실에 와서 사무실 운영에 대해 조언해 줄 때가 있습니다. 저는 전에 모두 실행해 보았고 사무실의 일이란 내가 더 잘 알고 있다고 이미 판단을 다 해 버리고 잘 듣지를 않습니다.

⑤ 진정시키느라 듣기를 못 하는 때도 있습니다.

아내가 시댁에 대한 일로 서운하였던 때의 일을 푸념 섞어 제게 말하면 '또 지난 이야기 끄집어내어 나를 힘들게 하는구나!'라는 생각 때문에 깊게 생각하지 않고 진정시키느라 대화의 핵심을 회피하며 듣습니다.

▶▶ 아내의 이야기

저도 듣기를 잘하려고 마음을 먹어도 습관화되어버린 태도나 견해 때문에 실천에 장애가 되는 것들이 있습니다. 제가 남편과의 대화에서 듣기가 장애가 되는 예를 말씀드리겠습니다.

① 사실만을 알아내기 위해 잘 듣지를 못합니다.

제가 남편의 사무실에 나가 업무에 관해 이야기할 때면 결과가 좋지 않은 일에만 집착하게 되어 남편의 느낌에는 관심이 없고, 사실만을 알아내는 데에 집중하여 듣습니다.

② 대답을 준비하면서 듣습니다.

제가 남편과 언쟁이 있을 때는 저 자신을 방어하기 위하여 남편이 이야기하는 중에도 제가 반박할 대답을 생각하며 듣습니다.

③ 문제 해결을 위해서 듣기도 합니다.

남편이 사무실이 좁고 허름하니 옮기자고 했을 때, 남편의 어려운 점을 고려해 주기보다는 경제성, 현실성 등을 고려하여 좋은 방법이 없을까 궁리하면서 듣기 때문에 잘 듣기를 못 합니다.

④ 선입견을 품고 듣는 일도 있습니다.

제가 아이들을 키우는 문제로 걱정하고 조바심 내고 할

때면, 남편은 아이들에게 자립심을 키워줘야지 언제까지 간섭하고 잔소리할 거냐며 저를 오히려 나무랄 때는 '또 그 소리구나' 하며 선입견을 품고 듣습니다.

⑤ 말마디에만 매달리며 듣습니다.

　제가 남편과 다투게 될 때 남편의 이야기를 진지하게 듣고 문제를 해결하려 하기보다는 저의 의견을 관철하려 남편의 말 자체에 매달리며 듣습니다.

.

3. 잘 듣기 실천 예시

▶▶ 남편의 이야기

  평소에는 아내와 대화하면서도 집중해서 듣지 않고 내가 하던 일을 계속하면서 깊이 생각하지 않고 대강대강 들으면서 건성으로 이야기를 나누었고 아이들의 공부 문제와 양육과정의 견해차로 서로의 의견이 맞지 않아 떠넘기기식으로 대화한다거나 대화 자체를 포기해 버리고 회피하는 대화를 했었습니다.

  그러나 듣기를 잘해야겠다고 생각하고서는 오직 우리 둘만을 위한 오붓한 시간 속에서 주의 깊게 들어주고 서로 손을 잡고 눈도 맞추면서 따뜻한 마음을 갖고 듣게 되니 깊은 내면의 마음도 느낄 수 있는 대화가 잘 되었습니다.
  내 마음에 들지 않아도 끝까지 차분하게 아내의 말에 귀 기울여 주고, 내가 잘 듣고 있다는 표시로 고개도 끄덕여주면서, 아내의 속마음이 무엇인지, 주의 깊게 관찰하고 이해해 주려고 노력했습니다.
  이렇게 주의 깊게 아내의 이야기를 듣다 보면, 아내의 말에 공감이 되고, 내 자기 잘못도 느끼게 되면서, 아내에게 미안한 생각도 들었습니다.
  그리고 아내가 더 사랑스럽게 보이고, 친밀감이 생기며 예뻐 보였습니다.

▶▶ 아내의 이야기

남편이 제 말에 관심을 두고 잘 들어 주었을 때 저의 느낌을 말씀드리겠습니다.

저희 부부는 옛날보다 대화의 시간이 많아졌고, 남편이 어떤 이야기를 할 때 말 자체에 매달리지 않고 그 말의 진정한 의미가 무엇인지를 들으려 노력하게 되었습니다.

얼마 전에 직원들과의 회식이 있었습니다.
저는 당연히 우리 직원들끼리만 같이하는 자리인 줄 알고 있었는데 남편은 저와 의논도 없이 다른 사람을 그 자리에 초청했다고 하였습니다.
저는 직원들과 모처럼 가지는 회식의 분위기를 망칠 수도 있겠다는 불안한 마음에 남편에게 화를 냈습니다. 남편은 식사 자리만 조금 달리하면 별문제가 없을 것 같고 또 시간이 없는 우리로서는 일거양득이 아니겠냐며 저를 이해시켜 주었습니다.
예전 같았으면 자칫 다툼으로 번질 수도 있었지만, 서로를 신뢰하고 대화함으로써 슬기롭게 대처할 수가 있었습니다.

이렇게 남편과 함께 앉아 터놓고 이야기할 때면 마치 고향 친구를 만나 지나간 추억 속을 여행하는 것처럼 남편은 제가 하는 이야기들을 관심 있게 경청해 주었습니다. 그때 저의 마음은 편안하고, 천군만마를 얻은 것처럼 든든함을 느꼈습니다.

그리고 남편이 저를 인정해 주고 사랑하고 있음을 느끼게 되며 신뢰감이 더 쌓이게 되어 마치 달콤한 솜사탕을 먹는 것처럼 행복감을 느낍니다.

제가 아내의 말에 듣기를 잘하기가 어려웠던 부분에 대해 말씀드리겠습니다. 듣기를 잘해야겠다는 결심을 한 후에는 아내의 이야기를 주의 깊게 듣고 이해하면서 공감하도록 노력하기로 결심했습니다.

그러나 저의 타고난 성격이 깔끔하고 부지런한 조직자형이기 때문에 아내가 저에게 게으르다거나 실수에 대해 지적하는 말을 하면 듣기가 매우 힘들고 어렵습니다.

회사 일을 마치고 지친 마음으로 퇴근하여 집에 와서 잠시 소파에 앉아 텔레비전을 보면서 쉬고 있을 때입니다.

아내가 외출했다가 늦게 들어와서는 조금 어질러져 있는 집안의 물건들을 치우면서 저에게 집안일에 관해 관심이 없고 게으르다고 지적하였습니다.

그때 저는 아내가 저를 조종하려고 그러는 것 같아 듣기가 어려웠습니다.

그러나 결심한 이후에는 아내의 말에 귀 기울이며 주의 깊게 듣고 그 말에 대한 속뜻이 무엇인지 관심을 두고 배우자의 상황을 이해하면서 대화하기로 결심하였습니다.

이렇게 배우자의 이야기를 잘 들으려고 노력할 때 배우자와의 관계는 더 친근감이 생기고 사랑스러워집니다.
저는 아내의 이야기를 받아들여 저의 잘못을 인정하고 먼저 들어온 사람이 깨끗하게 치우고 정리하기로 하였습니다.

그렇게 하다 보니 집안도 깨끗해지고 내 마음도 상쾌해지면서 아내와의 관계에서도 친밀감을 느끼게 되었습니다. 마치 샤워하고 나서의 상쾌함처럼 부부의 관계도 상쾌해지고 즐겁게 지낼 수 있었습니다. 그렇게 하면 항상 즐겁고, 감사하고, 행복한 생활이 됩니다.

▶▶ 아내의 이야기

저도 듣기 어려웠던 남편의 말을 잘 들었던 저의 경험을 말씀드리겠습니다.

남편과 대화하면서 듣기를 잘하려고 결심했지만 남편이 저의 손님 접대 태도에 대해 친절하지 못하고 정숙하지 못하다고 이야기할 때는 제가 한 행동에 관해 판단을 받는 것 같아 잘 듣기를 못 합니다.

저는 협조자 형이기 때문에 제게 주어진 일은 최선을 다해서 잘해야 한다고 생각하는 사람이어서 집에 손님을 초대하거나 시댁 등에 대소사가 있을 때면 부족한 능력이지만 최선을 다해서 상대방의 마음이 흡족하도록 노력하는 편인데 남편은 저의 생각과 행동이 일종의 체면 때문이고 낭비라고 지적합니다.

그럴 때마다 '내가 무엇 때문에, 누구를 위해 이런 수고를 하고 있는데'라는 생각 때문에 오히려 남편으로부터 위로는커녕 비난을 받는 것 같아 마음이 몹시 상하기도 합니다.

마치 예쁘게 옷을 잘 차려입고 외출을 하던 중에 지

나가던 차량에 의해 흙탕물을 흠뻑 뒤집어쓴 것 같은 황당함을 느끼게 됩니다.

마음이 상한 저는 앞으로는 무슨 일을 할 때 나 몰라라 하면서 될 대로 되라는 식으로 신경 쓰지 않으리라 마음도 먹지만 지나친 접대는 손님들도 불편해하고 낭비도 되고 하니까 절제하자는 남편의 속마음 대화를 통해 이해하게 되었고 저는 저대로 수고함을 인정받고 싶어 하는 생각의 차이가 있음을 알게 되었습니다.

저는 저의 독선적인 결정과 행동으로 말미암아 남편의 심기가 불편하게 됨을 이해하게 되었으며 앞으로는 어떤 일을 함에 있어 남편의 이야기를 경청하며 잘 듣기로 결심하였습니다.

어떤 일을 함에 있어 그것이 비록 제가 듣기 어려운 부분일지라도 남편의 이야기를 마음으로 듣고 존중해 주려는 저의 듣기 태도의 결심은 남편에게 신뢰성을 심어주게 되었습니다.

이제는 남편이 저와 같이 시장을 보러 가기도 하고 음

식 준비도 거들어 주는 등 집 안 청소에서부터 모든 일에 세심한 배려를 해주게 되었고, 마치 부부 놀이하는 어린 아이들의 소꿉장난처럼 즐겁고 아기자기한 행복을 느낍니다.

저희 부부 사례를 바탕으로 한 이야기 잘 읽어보셨나요?

배우자의 말을 듣는 방법은 다른 사람이나 하느님의 말씀을 듣는 방법과 비슷합니다. 배우자의 이야기나 다른 사람의 이야기를 잘 듣게 되면 서로의 관계가 진밀해지고, 사랑하는 마음이 더욱더 깊어짐을 느끼게 해 줍니다.

작은아들 막둥이가, 말을 잘 듣지 않고 짜증을 부릴 때, 차분히 앉아서 막둥이의 이야기를 잘 들어주면서 공감하도록 노력하고 중간에 말을 끊지 않고 막둥이가 관심 있는 분야에 대해 끝까지 들어주면 막둥이는 신이 나서 이런저런 많은 이야기들을 하게 됩니다. 그럴 때는 서로가 친밀감을 느끼게 되어 부정적인 생각도 긍정적으로 바뀌게 됨을 느낄 수 있습니다.

일례로 우리 아파트에서 이웃들끼리 사소한 일이 생겨서 말다툼하게 되었습니다.
저는 평소 친하게 지내는 이웃들의 말을 반박하지 않고 수긍하면서 그 사람의 주장을 잘 들어주고 끝까지 인내심을 갖고 이야기를 들어 주었더니 나중에는 꿍하다는 마음이 풀려서 서로서로 이해하는 마음을 갖게 되어 이웃 간에 친밀감을 가질 수가 있었습니다.

아내가 시댁의 일로 언짢은 이야기를 할 때는 위로해 줍니다.

그리고 아내의 힘든 일들을 공감해 주면서 끝까지 아내의 말을 잘 들어주었을 때는 아내의 마음도 서서히 평화를 찾게 되었으며 응어리졌던 마음도 풀어짐을 알 수 있었습니다.

불평도 조금씩 녹아서 마음의 안정을 찾게 되었습니다. 서로의 신뢰감이 높아지고, 사랑하는 마음도 깊어지면서 서로의 말에 긍정적으로 되고 이해하게 되며 존경하는 마음이 더욱더 커 갔습니다.

제5장
부부 관계를
우선으로 하는 삶

1. 부부 관계를 우선으로 하는 삶

부부 관계를 우선으로 하는 삶을 살게 되면 행복한 가정생활을 실현할 수 있다는 것을 확신할 수 있습니다.

또 우리 부부가 긍정적으로 살 때 부부 당사자들뿐만 아니라 이웃을 이롭게 한다는 것 역시 확신합니다.

▶▶ 남편의 이야기

저는 ME 교육을 체험한 뒤 아내의 소중함을 깊이 깨닫고 모든 일에 아내와 함께하기로 하고 사랑의 대화와 느낌 표현을 많이 하며 아내의 처지에서 생각해서 그 의견을 존중하고 가정의 행복을 위해 내 삶의 초점을 가족에게 두어야겠다고 결심했습니다.

아내와 매일의 대화를 하면서 바쁜 아내를 위해 설거지해 주거나 집 안의 청소도 함께하기도 하고 칭찬의 말을 자주 해 주며 부부싸움을 할 때도 흥분을 자제하고 대화를 통해서 아내에게 상처 주는 말을 하지 않으려고 노력했습니다.

그리고 마음에 들지 않는다고 비난하는 말을 하지 않고 아내의 속마음이 어떤 것인지 알려고 노력하기도 했고 TV 시청도 줄였으며, 혼자서 하는 놀이나 컴퓨터 게임도 줄이고 친구들과 술을 마시거나 취미 활동을 하는 것도 자제하기로 하였습니다.

그러나 ME 교육 후 얼마 지나지 않아 일상적인 일들로 바쁘게 살다 보니 결심했던 생각들이 흐려지며 느슨해졌고, 매일의 대화도 거르게 되었고 아내에게서 걸려 오는 전화도 바쁘다는 핑계로 소홀히 받게 되었습니다.

집안에서의 생활도 게으름이 다시 찾아와 집안일을 돕

는 것도 미루는 등 혼자서 강 건너 불구경하듯 남의 일처럼 생각하는 것으로 하루하루가 지나가고 있었습니다.

ME 교육 이전의 옛날 습관이 다시 나타나 아내와의 관계가 소원해지기도 하고 어떤 경우에는 ME 교육 체험 전보다도 더 나빠진 것 같은 느낌이 들었습니다.

그래서 아내와 친밀감 있게 대화하려고 다시 생각했으며 매일 대화도 거르지 않고 다시 하려고 결심했고 다시 집 안의 청소도 적극적으로 도와주기도 했고 아내의 의견을 존중하여 서로의 관계가 좋아지도록 노력했습니다.

그러나 이것도 잠시일 뿐 또 작심삼일이 되는 경우가 많았으며 그 주기는 점점 빨라졌습니다.
이렇게 결심했다가 지키지 못하고 또 결심했다가 지키지 못 하는 행동이 반복되었습니다.

이래서는 안 되겠다는 실망감과 함께 위기감이 왔습니다. 그때 저에게 다가온 것은 ME 교육에서 다짐했던 "사랑은 결심하는 것이다"라는 말이 떠올라 아내를 사랑하기로 다시 결심했습니다.

ME 교육을 다시 생각하면서 아내에게 사랑의 표현을 담은 사랑의 편지 쓰거나 바쁠 때는 문자메시지, 카톡을 통하여 대화를 나누는 노력을 한 결과 포도나무를 잘 가꾸어 알찬 포도를 열리게 하듯 우리 부부 관계에도 사랑의 열매가 서서히 열리고 있음을 알게 되었습니다.

ME 교육 때 썼던 편지들을 다시 읽어보기도 했고 우리 부부의 관계를 재평가해 보기도 했습니다. 그때 결심했던 내용들을 주기적으로 다시 읽어보면서 상기시켰더니 새로운 결심이 생겼습니다.

우리는 일상생활 속에서 바쁘게 지내다 보면 자신이 결심했던 내용들을 쉽게 잊어버리고 옛날의 습관이 다시 자기 자신을 지배하게 됩니다.

우리는 열심히 노력해서 새롭게 배우자를 사랑하겠다고 결심하고 또다시 결심하면서 굳은 의지를 다져야 합니다.

특별한 기념일이 아닌 날에 제가 아내에게 꽃을 선물했더니 아내가 너무너무 기뻐했습니다.
특별한 의미를 두지 않고 그냥 사랑하는 마음만으로 작은 선물을 하게 되면 배우자에게는 더욱더 큰 기쁨이 되는 것입니다.

그래서 우리는 생활 속에서 재결심이 꾸준히 이루어져야 하고 그렇게 하다 보면 자신도 모르게 자기 행동이 조금씩 변해 있음을 알게 됩니다.

이렇게 실패와 재결심 그리고 또 실패 또다시 결심을 반복하면서 재평가하는 것이 부부의 여정입니다.

매끄럽게 윤이 나는 조약돌도 하루아침에 만들어지는 것이 아니고 오랜 세월 풍파에 시달리면서 서로 부딪히고 갈고 닦여져서 곱고 예쁘게 만들어지는 것과 같은 것입니다. 이런 노력의 과정은 힘들여 정상을 정복한 산행처럼 뿌듯하고 행복한 느낌이 듭니다.

▶▶ 아내의 이야기(W)

평범한 일상의 생활에서 나는 아내로서 당연히 남편의 사랑을 받아야 하고 남편에 대한 배려와 이해심을 내기보다는 상대방에게 기대감을 더 많이 가지고 있었던 제가 ME 교육을 경험하면서 저의 욕망과 이기심 때문에 남편이 얼마나 소중하고 귀한 존재인지를 모르고 살아온 저를 발견하게 되었습니다.

ME 교육의 경험은 제가 어두운 터널에서 밝게 비추는 햇빛을 만났을 때처럼 머리가 맑아졌고, 모든 것이 무지갯빛으로 아름다워 보였던 신혼 때처럼 다시 남편과 진실하고 순수한 사랑을 할 수 있다는 자신감을 심어주었습니다.

남편과의 관계를 우선으로 하기 위해 남편과 정기적으로 문화생활을 즐기고 가끔 여행하기로 하는 등, 부부 간의 사랑을 키우는 데 노력하기로 했고, 매일의 대화를 통해 대화를 많이 하기도 하고, 비록 위험한 대화일지라도 비난하지 않고 남편을 이해하는 노력을 하고, 남편과 더욱더 친밀한 관계를 유지하고자 노력했습니다.

그러나 ME 교육 후, 시간이 지나면서 저의 결심은 평범하고 안이한 생각에 묻혀서 연기 꼬리처럼 점점 자취를 감추었고 다시 ME 교육 전의 모습으로 돌아가고 있었습니다.

ME 교육 체험 후 집에 돌아와 열심히 쓰던 매일의 대화도 거르는 날짜가 점점 많아지고 아이들에게 쓰던 사랑의 편지도 거의 쓰지 않고 있었습니다.

남편과 의견충돌이라도 있게 되면, 나 자신을 먼저 탓하기보다는 ME 교육까지 경험한 사람이 이 정도도 이해해 주지 못하는 것을 보면 ME 교육 경험은 히니 마니가 아닌가 하는 회의가 생기기도 했고, 예전에 한 번도 본 적 없는 낯선 곳에 길을 잃고 혼자 서 있는 것처럼 외로운 느낌도 들었습니다.

ME 교육을 체험한 후 매일의 대화와 문화생활 등 여러 가지를 결심하고 많은 변화가 우리 부부에게 있을 것이라는 기대와 확신하고 있었던 저에게는 일상생활의 안이함에 젖어 ME 교육을 경험하며 나름대로 결심했던 것을 지키지 못하고 ME 교육 전의 모습으로 돌아가는 것을 지켜보는 것은 마치 다 잡은 토끼를 놓치는 것처럼 허전하고 무언가 무너져버리는 것 같은 상실감에 남편과의 관계에서도 지속해서 친밀감을 가질 수가 없었습니다.

저는 ME 교육의 좋았던 느낌을 다시 상기시키며 남편과 좋은 관계를 유지하려면 ME 교육 이전과 같은 안이한 생각에서 벗어나야 한다고 다짐하게 되었고, ME 교육 이전의 생활과 그 생활을 탈피하고자 하는 저의 노력은 다람쥐 쳇바퀴 돌 듯 다짐과 실패의 연속이었습니다.

그렇지만 다짐을 거듭할수록 남편에 대한 사랑하는 마음은 화선지에 물감이 번져 나가듯 조금씩 깊어지고 있었으며 저의 생각이 차츰 긍정적으로 변해가고 있는 저 자신을 발견하게 되었습니다.

현재의 삶이 가장 소중함을 알았고, 살다보면 어렵고 힘들게 하는 일도 있겠지만 서로 비난하거나 아프게 하지 않고 진실하고 아낌없는 사랑을 나누어야 한다는 ME 교육에서 얻은 교훈을 되새기게 되었고, 비록 한 번에 지키지는 못하는 결심이지만, 이런 과정을 반복하다 보면 저도 모르게 남편을 더욱 사랑하게 되어 가는 저 자신의 변화된 모습을 발견하게 되었습니다.

또 서로 배려하며 살아가는 저희 부부의 모습이 아이들에게도 비쳐서 본받을 수 있는 부모의 상으로 남겨지게 됨을 알게 되었습니다.

쉽게 결심하고 또 쉽게 망각하고 살아가는 생활의 연속이지만, 잘못된 것을 인정하고 오뚝이처럼 또다시 일어설 수 있는 용기는 오직 사랑의 힘이며 저희 부부는 서로에 대한 사랑의 확신하고 있기에 어떠한 어려움이 닥쳐도 두려울 필요가 없는 든든한 배경을 가진 것 같은 자신감에 어깨가 우쭐해지는 기쁨과 환희를 느낍니다.

우리가 ME 교육을 체험하면서 발견한 서로 함께하고 싶어 하는 마음과 신뢰를 바탕으로 친밀감을 유지하기 위해서 부부 관계를 우선으로 해서 살아야 하고 그러기 위해서는 ME 교육 전에 살아오던 방식과는 다르게 살아야 한다는 마음가짐이 필요합니다.

ME 교육 이전에 살아오던 방식과 다르게 살자면 매일의 대화와 성생활이 매우 중요합니다. 대화를 잘하기 위해서는 매일의 대화를 열심히 해야겠다는 생각에 저희 부부는 아침에 일어나서 해 보았으나 아침 시간이 식사 준비나 출근 준비로 인해 마음의 여유가 없어 저녁 시간에 하기로 했고, 저녁 식사가 끝난 후 식탁에서 메일의 대화 하기로 하였습니다.

노트나 볼펜은 항상 식탁 한쪽에 놓고 식사하면서 눈에 잘 띄게 하였고, 듣기를 잘하기 위해 아내의 이야기를 끝까지 들어주도록 노력했으며, 만일 화가 나는 일이 있을 때는 마음의 평정을 찾기 위해 짧은 기도를 외우고 난 다음에 침착하게 대화하려고 노력했습니다.

그리고 손을 맞잡고 다정히 아내의 눈을 쳐다보면서 말이 없는 무언의 대화를 통해 아내와의 친밀감을 더욱 굳건히 하고자 노력했습니다.

▶▶ 아내의 이야기 - 노력하기

　저도 대화에 충실하기 즉 부부간의 의사소통에 관심을 두고 생활하고 있습니다.

　저는 사랑스럽고 소중한 남편과의 친밀한 관계를 유지하기 위해서는 남편과의 진솔한 대화가 전제되어야 한다는 생각에 매일의 대화를 하는데 열심히 했고 다정하게 손을 잡아주거나 남편의 허리를 감싸주고 걷는 등 무언의 대화를 자주 가지며 가능하면 남편과 좀 더 많은 시간을 같이하려 노력합니다.

　또 카톡이나 문자메시지를 통한 사랑의 표현을 아끼지 않았고 비록 언짢은 일이 있을지라도 남편이 왜 그래야 했었는지 듣기를 잘했고 남편의 처지에서 생각해 보고 이해하려 했으며 남편이 있으므로 인해 제가 있을 수 있다는 감사한 마음을 가지고 남편을 대하려고 노력합니다.

2. 성생활에 관심 두기

두 번째 중요한 것은 성생활에 관심 두기입니다.

성생활에 관심을 둔다는 것은 남편은 남성으로서 부인은 여성으로서 서로 다른 특성과 행동, 태도 등을 이해하고 존중하며 그 자체를 받아들이는 것입니다.

그러면서 서로 다른 성이 합해서 한 몸이라는 생각을 가지고 사는 것이 혼인 생활입니다.

친밀함에는 정신적인 것과 정서적인 것 그리고 육체적인 것이 있는데, 정신적인 것에는 남편은 강인하고 진취적이지만 부인은 부드럽고 포용하는 성격이 있고 정서적인 면에서는 남편은 단순하고 덜렁거리는 성격이지만, 부인은 섬세하고 로맨스적인 생각하는 경우이며, 육체적인 것으로는, 남편은 근육질의 몸매를 갖고 있고 부인은 부드러운 피부와 다리맵시를 가진 것처럼 서로가 다른 면을 갖고 있지만 자기가 가지고 있지 않은 점을 서로 좋아하면서, 보완하고 조화를 이루어 살아가는 것입니다.

전통적으로 가톨릭교회에서는, 완전한 혼인성사는 혼인서약을 하느님께 함으로써 이루어지는 것으로 보고 있습니다.

또한 하느님께서는 남자와 여자의 완전한 육체적 결합으로 우리에게 자녀를 주시고 그 자녀를 통해 가장 큰 축복과 행복을 주십니다.

둘째 왕도에 해당하는 성행위는 부부 생활과 관계성에 아주 중요합니다.

친밀함에는 정신적인 것과 정서적인 것 그리고 육체적인 것이 있는데, 하느님께서 태초에 아담의 갈비뼈로 하와를 만드시고 둘로 하여금 하느님의 창조사업에 동참하도록 하여 사랑하는 자녀들을 선물해 주심은 육체적인 것도 태초부터 하느님께서 주신 것으로 부부간에 서로 친밀하고 유용하도록 갖추어진 것입니다.

성적인 것에 관심을 둔다는 것은 성행위에 관심을 둔다는 것뿐만 아니라 남편은 남성으로서 부인은 여성으로서 더욱 성적인 특성을 잘 드러내도록 행동, 태도에 관심을 둔다는 뜻입니다.

또한 나와 다른 배우자의 성적인 것을 받아들이고, 부부는 남성과 여성이라는 다른 성이 합하여 한 몸이라는 것을 인식하고 사는 것을 의미합니다.

저는 아내가 주방에서 일 할 때의 뒷모습을 보면 사랑스럽기 그지없습니다. 그럴 때면 저는 아내에게 살며시 다가가, 뒤에서 포근하게 안아주면서 귓속말로 사랑한다고 이야기해 줍니다.

그럴 때면 아내는 순진한 어린아이처럼 행복해하고 즐거워하며 그런 아내의 모습을 보는 저도 같이 행복감에 도취 되어 아내에게 더욱더 친밀감을 가지게 됩니다.

▶▶ 아내의 이야기

저는 남편에게 다가가고 싶은 친밀감을 느낄 때 침대에 누워있는 남편의 등 뒤로 가서 남편을 꼭 안아줍니다.

그럴 때면 남편은 저를 부드럽고 매우 다정하게 맞아주며 저는 그런 남편의 품에 안겨서 철없는 어린아이처럼 남편에게 마음껏 친밀감을 표현하곤 합니다.

이처럼 남편과의 성적 대화는 제가 남편과 서로 다른 환경에서 자랐고 서로 다른 성격을 가졌음에도 불구하고, 남편과 한 마음 한 몸이 되어 서로를 위해 기꺼이 헌신할 수 있는 조건 없는 사랑을 할 수 있게 해 줍니다.

제6장
매일 매일의 10분 대화와
민감한 내용의 대화

1. 매일 대화: 의사소통의 열쇠

서로 개방하여 느낌을 나누는 느낌 대화는 부부가 친밀해지고 더욱 가까워지게 하는 중요한 열쇠입니다.

부부가 마주 앉아 말로만 대화하자면, 말하기 어려운 것도 있고, 또 놓치는 것이나 너무 즉각 반응하여 대화가 지속되기 힘들 수도 있습니다.

그러나 느낌을 글로 쓰고 나서 그 느낌을 공감하도록 대화하는 방식은 서로가 친밀하고 책임 있는 관계를 유지하기 위한 도구이므로 이러한 매일의 대화를 부부님들이 서로 주고받기를 권합니다.

그럼 저희 부부가 어떻게 매일의 대화를 해 왔는지, 그것이 우리 부부의 생활에 어떤 영향을 주었는지를 말씀드리겠습니다.

▶▶ 남편의 이야기

저는 아내와 같은 공간에서 살아도 서로 생각하는 내용이 정확히 전달되지 않아 오해하거나 갈등을 겪는 경우가 가끔 있습니다.

그런데 ME 교육 이후, 매일의 대화를 하고 나면 서로의 차이를 알 수 있었고, 정확한 의사 전달이 되어 마치 답답한 체증이 내려갔을 때처럼 시원한 느낌이 들었습니다.
또 아내의 속마음과 어떤 느낌인지 알 수 있기 때문에 편안한 마음으로 생활할 수 있었습니다.

평소 저는 부모님께 용돈을 매월 드리고 싶었지만 넉넉하지 않은 형편이라 선뜻 말을 꺼내지 못했습니다. 그러나 매일의 대화를 하면서 조심스럽게 저의 안타까운 마음을 털어놓았습니다.
뜻밖에 아내가 절약해서 조금씩이라도 드리는 것이 좋겠다고 저의 느낌을 이해하며 공감해 줄 때 저는 마치 무거운 짐을 지고 있다가 벗어 버렸을 때처럼 홀가분한 느낌이 들었습니다.

저는 매일 대화의 효과를 잘 알기에 간혹 출장을 가거나 부득이 시간을 함께할 수 없을 때는 카톡이나 메시지를 이용히기도 했고, 진화로 내화를 나누기노 했습니다.

이렇게 함으로써 매일 먹는 식사처럼 대화를 빠트리지 않고 할 수 있었고, 삶에 활력을 받아 즐겁게 지낼 수 있었습니다.

또 매일 아내의 좋은 점이나 칭찬거리를 찾게 되니 더욱 소중하고 사랑스럽게 느껴져 행복감을 느꼈습니다.

매일의 대화는 우리 부부의 행복을 안내해 주는 등대 역할을 하고 있습니다.

▶▶ 아내의 이야기

저도 ME 교육에서 배운 매일 대화가 저희 부부의 삶에 어떤 영향을 주었는지를 말씀드리겠습니다.

저희 부부는 성격 차이가 두드러져서 친밀한 대화를 잘 하지 못했습니다. 그런데 ME 교육에서 매일의 대화를 알게 되었고, 배운 대로 대화를 하게 되니 남편과 소통하는 데 문제가 없을 거라는 벅찬 마음으로 매일의 대화를 하기로 결심했습니다.

딸아이의 진학 문제에 대한 이견이 있었을 때 본인이 원하는데 기회는 줘봐야 하지 않겠느냐고 매일의 대화를 통해 진지하게 대화함으로써 다툼으로 번지지 않고 현명하게 결정이 됐을 때는 복잡한 실타래가 잘 풀렸을 때처럼 후련한 마음이 들었습니다.

또 시어머님을 모시는 일로 시동생과 불편한 관계에 있었을 때도 대화를 통해 저의 솔직한 마음을 잘 전달할 수가 있어서 불편한 마음으로부터 자유로워짐을 느끼기도 했습니다.

전에는 말로써 아이들에게 잔소리했었는데 저의 솔직한 느낌을 글로 전달하니 표현도 훨씬 부드럽게 되고 차분하게 잘 전달할 수 있어서 좀 더 성숙한 엄마의 모습으로 보였습니다.

이처럼 매일의 대화는 남편과 ME 교육 전보다 훨씬 더 부드럽고 편안한 친밀함을 만들어 주었고, 다툼이 될까 봐 마음속에 가둬두던 위험을 무릅쓴 대화도 솔직하게 말 할 수 있는 용기도 주었습니다.

매일의 대화는 우리 부부의 소통을 이어주는 마중물이고 사랑의 징검다리가 되었습니다.

2. 매일의 대화를 위한 4단계

이렇게 좋은 선물을 매일 주고받도록 여러분들을 매일의 대화에 초대하며 매일의 대화 4단계를 소개해 드리겠습니다.

1단계 쓰기입니다.

먼저 짤막한 기도를 쓰시고 '사랑하는 누구에게'로 시작해서 배우자에 대한 칭찬이나 격려의 글을 씁니다. 간단하게 주제에 대한 답과 느낌단어를 쓰고 그 느낌에 대한 묘사를 중심으로 10분 동안 씁니다. 마칠 때는 '사랑하는 누구로부터'로 끝냅니다.

일정한 시간을 정해놓고 쓰는 것이 좋습니다.

2단계는 교환입니다.

사랑의 편지를 선물 교환하듯 두 손으로 공손하게 주고받아서 두 번 읽습니다. 첫 번에는 내용을 파악하기 위하여, 두 번째는 배우자의 처지에서 공감해 보려는 마음으로 읽습니다. 읽으면서 철자법이나 글씨체를 따지지 말고, 글로 표현되지 못한 배우자의 마음까지도 읽으려는 자세를 가지시기를 바랍니다.

3단계 대화입니다.

　사랑의 편지를 보고 난 후의 대화는 느낌을 더 구체적으로 표현하거나 공감하기 위한 것입니다. 두 사람의 느낌 중 강한 느낌을 선택하여 느낌의 강도, 정도까지 공감할 수 있도록 서로 노력합니다.

　이렇게 10분 쓰고 10분 말로 대화하는 것은 배우자를 변화시키거나 당장 어떤 문제를 해결하는데 중점이 있는 것이 아니라, 배우자의 느낌을 공감하는 데 초점을 맞춰야 합니다.

4단계 다음날 대화 주제선정입니다.

　다음날 주제는 오늘 대화 후에 정합니다. 한 번 중단되면 다시 시작하기가 어렵기 때문에, 대화 주제를 미리 정하는 것은 매일의 대화를 계속하는 데 매우 중요합니다.

　대화 주제는 편지 끝에 다음 날의 대화 주제를 써서 배우자와 결정할 수 있고, 오늘 강한 느낌에 대해 더 대화할 수도 있으며, 가정의 현안을 느낌 대화로도 할 수 있습니다.

3. 가까워지기 위한 대화 (민감한 내용)

이번에는 우리가 민감한 부분에 관하여 대화를 꺼리게 되는 이유를 알아보겠습니다. 민감한 부분이란 돈이나 성에 관한 것일 수도 있고, 사는 생활방식이나 시댁, 처가 문제 또는 자녀교육이나 직업 문제 등이 있습니다.

이러한 부분들의 대화를 회피하는 이유는, 이러한 주제들로 이야기하다가 부부싸움이 되지 않을까 하는 두려움이 있고, 때로는 이러한 이야기를 어떻게 해야 할지 모를 때도 있습니다.

또 혹시나 배우자와 서로 상처를 주고받지는 않을까 하는 두려움도 있어서 대화를 꺼리게 됩니다.

사례를 함께 보겠습니다.

그럼 제가 아내와 대화를 꺼리게 되는 민감한 부분에 대해서 말씀드리겠습니다. 저는 아내가 다 큰 아이들의 걱정을 많이 하는 부문에 관해 대화를 꺼리게 됩니다.

저는 계획적이고 명료성을 중요한 가치관으로 생각하는 조직자 형이기 때문에 아내가 아직 오지도 않은 장래의 일을 걱정하고, 또 우려되는 부문이 있으면 잘 판단해서 지금 안 해도 될 걱정이면 놓을 줄 알아야 하는데 '왜 그렇게 사나?' 하는 생각에 실망스러운 느낌이 듭니다.

그래서 아내의 지나친 걱정이 오히려 아이들의 독립심을 약화할 수도 있다고 이야기하고 싶지만, 아버지가 되어서 진지하게 고민은 하지 않고 다른 사람의 일처럼 태평하다고 핀잔받을까 봐 대화를 꺼리게 됩니다.

▶▶ 아내의 이야기

저도 말씀드리겠습니다. 제가 남편과의 대화를 꺼리게 되는 민감한 부분은 남편이 지나치게 스마트폰에 빠져 지낸다는 것입니다.

저는 인정이 많고 관계를 중요한 가치관으로 생각하는 협조자 형이기 때문에 손에서 스마트폰을 놓지 못하는 남편의 건강이 염려되고, 자신만의 세계에 빠져서 저와 대화를 소홀히 하는 남편에게서 종종 외로움도 느끼게 됩니다.

그래서 제 생각을 남편에게 이야기하고 싶지만, 과거에 남편에게 스마트폰 사용을 줄여 주었으면 좋겠다는 제 바람을 이야기했을 때 내가 나쁜 짓을 하는 것도 아닌데 왜 간섭하느냐고 짜증을 낸 적이 있어서 혹시라도 다시 다툼이 될까 봐 대화를 꺼리게 됩니다.

3-1. 가까워지기 위한 대화
(민감한 내용-성)

이번에는 우리가 나누기 민감한 주제인 성에 대해서 말씀드리겠습니다.

오늘날 성이 많이 개방되었음에도 부부 사이에서 성에 관한 대화를 꺼리게 됩니다.

다음은 부부의 성생활에서 드러내기 어려운 민감한 부분에 대한 느낌을 서로 받아들이게 된 경험에 관한 사례입니다.

▶▶ 남편의 이야기

저 역시 남자로서 능력이 부족하고 약하다는 두려움 때문에 성에 관한 대화를 나누기가 어려웠습니다. 그러나 ME 교육 이후 아내와 더 친밀하고 다정한 관계가 되고 싶어 대화하기로 결심했습니다.

그럼 저희 부부가 성 대화를 시도하기로 마음먹고, 제가 아내에게 성 요구를 거절당했을 때의 느낌을 쓴 사랑의 편지를 읽겠습니다.

사랑하는 당신에게

지난번 당신과 사랑을 나누는 시간을 갖고자 가까이 다가 갔지만 쌀쌀하게 거절당했을 때의 느낌은 불쾌한 느낌이 었지요.

그때 순간적으로 다시 한번 용기를 내어 당신께 다가가 따뜻한 체온을 느끼고 싶다며 품에 안으려고 하자 또다시 뒤돌아 눕는 매정함에 귀중한 물건을 빼앗겼을 때 처럼 괘씸한 느낌도 들었습니다.

강제로라도 어떻게 해볼까 하는 생각도 들었지만, 냉랭한 당신에게 또다시 다가간다는 것은 성을 구걸하는 것 같아 창피했고, 마치 음식을 훔쳐 먹으려다 들켰을 때 처럼 부끄러워서 쥐구멍에라도 들어가고 싶은 심정이었습 니다.

당신을 외면하며 김빠진 맥주처럼 맥이 빠져 돌아누웠지 만, 화가 나기도 하고, '내가 무슨 잘못을 했나?' 하는 생 각도 해보았습니다.

무시당했다고 생각하니 허탈하기도 하고,
늦은 가을바람에 뒹구는 낙엽을 볼 때처럼 초라한 느낌도
들었습니다.

앞으로는 절대 손도 잡아주지 않겠다고 생각하면서
비참함을 삭혀 봐도 잠을 이룰 수가 없었습니다.

사랑하는 여보!
귀찮게 자주 관계하자며 조르는 것도 아니고,
어쩌다 한 번 집안에 아이들도 없어 홀가분하고 좋은 기
회라고 생각했기에 평소보다 일찍 퇴근하고 즐거운 시간
을 갖자며 요청했는데, 매정하게 뒤돌아 눕는 당신을 보면
서 겨울철 앙상한 가지만 남은 나무를 볼 때처럼 쓸쓸한
느낌이었습니다.

−사랑하는 남편으로부터−

▶▶ 아내의 이야기

여자는 밤늦게 다니면 안 된다거나 남녀가 유별하다는 등의 말씀을 하시는 저의 부모님은 엄하신 편이어서 저는 다소 엄한 교육을 받고 자랐습니다.

그 영향 때문인지 남편과 성에 관해 대화한다는 것이 여자인 제가 먼저 할 이야기는 아니라는 생각이 들었고, 또 남편에게 충분히 잘해주지 못하고 있을지도 모르는데, 섣불리 성생활에 관한 대화를 꺼냈다가 정숙하지 못하다는 말을 들을 수도 있겠다는 두려움 때문에 ME교육 전에는 남편과 대화하기를 꺼렸습니다.

그러나 ME 교육을 참가한 후에는 남편과의 성생활은 부끄러워해야 하는 일이 아니라 하느님께서 저희 부부에게 주신 축복임을 알았습니다.

그래서 마음속으로만 생각하기보다는 남편과 더욱 행복한 혼인 생활을 위해 저를 알려 주고, 또 남편을 더욱 잘 알기 위해서 성에 관해서 대화하기로 결심했습니다.

저도 남편의 성 요구를 거절했을 때의 느낌을 쓴 사랑의 편지를 읽겠습니다.

사랑하는 당신에게

얼마 전 당신이 요구한 성관계를 거절했을 때의 제 느낌은 소나기가 내리는 비를 흠뻑 맞고 있는 것 같은 초라한 느낌이었습니다.

그날, 사무실과 집일을 병행하며 수련회 가는 아이들 먹을 것을 준비해주느라 많이 피곤해서 아이들 없을 때 편히 쉬고 싶었습니다.
그러나 눈치 없이 저에게 성을 요구하는 당신의 행동이 불편했습니다.

제 모습을 보면 알만할 텐데 제가 얼마나 피곤한지에 대한 관심은 없고 '때는 지금이다.'라는 식으로 행동하는 당신이 상점 앞에서 무조건 물건을 사 달라고 떼를 쓰는 아이 같아서 한심하다는 생각도 들었습니다.

제 피곤함을 풀어줄 당신의 다정한 관심을 기대했는데 그런 마음이 사치였나 싶어 서럽더군요.
피곤하다고 돌아눕는 제게 불만을 나타내는 당신을 보며, 제가 당신의 아내로서 존중받지 못하고 성의 노리개로 여겨지는 것 같아서 처량한 마음이 들었습니다.

또 비록 우리가 몸을 섞고 사는 부부라지만,
저의 기분쯤은 아랑곳하지 않고 당신이 원하면 저는 언제
라도 응해 줘야만 하는 것처럼 당신의 당당한 요구에 잠
자리에서 뛰쳐나가고 싶을 정도로 비참했습니다.

사랑하는 여보!
그러나 마음 한구석에는 당신의 요구를 거부한 저에 대한
불만 때문에 강 건너 불구경하듯 당신이 제게 무관심해지
지는 않을까 하여 불안하고 걱정스럽기도 했습니다.

또 당신을 거절한 미안한 마음에 아침에 당신의 얼굴을
어떻게 마주해야 할지, 쉽게 잠들지 못하고 벽만 바라보는
불편한 마음은 무거운 돌덩이에 눌려 있는 것처럼 억압을
당하는 느낌이었습니다.

당신의 아내로부터

이번에는 저희 부부가 서로의 편지를 바꾸어 읽어보며, 어떻게 성에 관한 대화와 그 느낌을 공감했는지에 대해 말씀드리겠습니다.

저는 아내의 편지를 읽으며, 제 기분만 앞세워 피곤함이나 그날의 기분이 어떠한지 아랑곳하지 않고 요구한 것이, 아내로서 존중받지 못하고 성의 노리개로 여겨지는 것 같아 초라하고 비참한 느낌이라는 아내에게 미안한 생각이 들었습니다.

▶▶ 아내의 이야기

　저도 편지를 보며, 아이들도 없고 해서 모처럼 오붓하게 우리 부부만의 시간을 갖고자 설레는 기대감으로 일찍 퇴근했다는 남편을 생각하며 안쓰러운 느낌이 들었고, 쌀쌀하게 돌아눕는 제게 성을 구걸하는 것 같아 불쾌하고 쓸쓸한 느낌이었다는 말에 조금은 측은한 생각이 들었습니다.

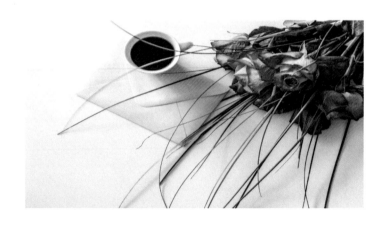

저희는 느낌을 더욱 공감해 보고 싶어서 저의 불쾌하고 쓸쓸한 느낌보다는 느낌이 더 강한 아내의 비참한 느낌으로 대화를 계속하기로 하였습니다.

아내는 비참한 느낌의 강도가 숫자로는 1에서 10까지 숫자 중에 7 정도라고 하였고, 맛으로는 덜 익은 감을 씹었을 때처럼 떫떠름한 맛이라고 하였습니다.

또 색깔로는 소나기가 내리기 직전의 칙칙한 회색이며, 신체적 반응으로는 순수한 마음으로 한 일에 대해 누군가가 뒤에서 수군거리는 것을 들었을 때처럼 얼굴이 화끈거리는 느낌 같다고 말해 주어 점점 더 공감할 수 있었습니다.

대화를 마치며 저의 성급함 때문에 아내를 비참할 정도로 힘들고 불편하게 했다고 생각하니 쥐구멍에라도 들어가고 싶을 정도로 미안한 마음이 들었습니다.

저는 아내에게 당신을 배려하지 못하고 힘들게 해서 미안하다고 사과했습니다. 그리고 아내의 아픈 마음을 위로하기 위해 꼭 안아주었습니다.

▶▶ 아내의 이야기

  불편하고 어색했던 마음이 남편의 따뜻한 위로에 눈앞에 안개가 걷힌 듯 개운한 느낌이었습니다.

  저는 남편에게 당신의 성 요구를 거부했지만, 당신을 거부한 것이 아니라며, 솔직하게 제 느낌을 말하지 않아서 미안하다고 사과했습니다.

  오붓한 사랑을 나누기를 원했던 자신의 서운한 마음을 뒤로한 채, 제게 넉넉한 배려를 해 주는 남편이 더욱 듬직하고 사랑스러웠으며, 엄마 손 잡고 나들이 가는 아이처럼 행복한 마음이 들었습니다.

  저희는 이렇게 느낌 대화함으로써 성은 가장 좋은 사랑의 대화임을 알게 되었고, 남편과의 친밀함을 위해 자주 성을 주제로 느낌 대화해야겠다고 다짐했습니다.

3-2. 가까워지기 위한 대화
(민감한 내용-죽음)

우리가 나누기 어려운 주제로 죽음의 대화합니다.

이번에는 부부 사이에 대화를 꺼리게 되는 것 중의 하나인 죽음의 대화에 대해서 말씀드리겠습니다.

우리는 죽음이라는 것은 나와는 상관없는 먼 훗날의 이야기로 생각되어 상상도 하지 않고 생활해 왔습니다. 아직 오지도 않은 미래의 일을 지금부터 두려워하거나 미리 걱정하는 것은 낭비라고 생각했습니다.

그러나 가까이 있던 사람들이 갑자기 세상을 뜨거나 배우자를 잃고 외롭게 사는 친구를 보며, 부부 중 혼자만 남게 되었을 때 어려움을 극복하고 살아야 하는 일이 우리에게도 닥칠 문제라는 것을 깨닫고 죽음에 관한 대화를 시도하기로 했습니다.

다음은 죽음으로 서로가 헤어지게 될 때의 느낌을 나누고 서로 받아들인 경험을 이야기하겠습니다. 너무 늦기 전에. 지금 더 친밀하게 살고, 더 깊이 사랑하는 것이 얼마나 중요한가를 이야기하겠습니다.

그럼 이번에는 저희 부부가 죽음의 대화를 나누기 위해 죽음으로 아내와 헤어질 때의 느낌을 주제로 쓴 사랑의 편지를 보겠습니다.

사랑하는 당신에게

당신과 헤어져서 다시 만날 수 없다고 생각했을 때
내 느낌은 비바람 몰아치는 허허벌판에 혼자 남겨진 것 같은
안타까운 느낌입니다.

맏며느리로 시집와서 성격 강하신 시어머니의 시집살이를
묵묵하게 잘 견디며 우리 가정을 잘 지켜준 당신에게,
수고했다고 고맙다고 인사 한번 제대로 하지도 못했는데,
이제 무거운 짐을 당신 어깨에 올려놓고 먼저 떠나야 한다고.
생각하니 커다란 압박감이 느껴집니다.

내 멋대로 화를 내도, 아이들이 속을 썩여도,
혼자서 전전긍긍하며 내색 한 번 편히 하지 못했던 당신을
위해 여행도 하면서 행복하게 해 주리라 마음먹었는데,
그것도 해줄 수 없어 후회만 남게 되었습니다.
기회가 되면 외국에서 자유스럽게 일 년 동안 살아보고 싶다던
당신의 꿈도 더 이상 지킬 수가 없게 되었습니다.

진즉 보내 줄 것을 차일피일 미룬 것이 타야 할 버스를 놓쳤을
때처럼 아쉬움이 큽니다.

마음고생이나 갈등이 있었을 때 내가 먼저 미안하다고
말해 주지 못하고, 긴 시간 동안 당신을 불편하게 해 주었던
일이 후회되는군요.
좀 더 따뜻하고 다정한 말로
당신을 감싸주지 못해서 미안합니다.

사랑하는 여보,
옆에서 항상 챙겨주고 다독여 주는 당신과 함께 살아 온 것이
내 생애의 최고의 행복이었고 행운이었습니다.
당신의 현명한 내조 덕분에 어려운 일이 닥쳐도 슬기롭게
헤쳐 나갈 수 있어서 나는 큰 걱정 없이 일을 할 수 있었음을
고맙게 생각합니다.

오랜 세월 동안 함께 살면서, 나의 급한 성격으로 인해
상처받게 하고 눈물 흘리게 했던 나의 잘못에 대해
너그럽게 용서를 청합니다.
당신의 크나큰 사랑과 도움으로 참 행복했습니다.
정말 고맙게 사랑합니다.

당신을 사랑하는 남편이

▶▶ 아내의 이야기

저는 죽음을 아예 외면하며 살아왔습니다.

든직한 남편이 곁에 있고 지금 건강하게 잘 살아 있는데, 이대로 건강을 잘 챙기며 살면 죽음이 쉽사리 오지 않을 것 같은 막연한 기대를 했기 때문입니다.

그런데 얼마 전 남편이 병원에 입원해서 시술받게 되었습니다. 쉽게 끝날 거라고 기대했는데 의외로 어려운 상황이 되었고, 남편이 저만 남겨두고 떠나면 어떻게 하나 두려운 마음에 울며 하느님께 간절하게 매달렸습니다.

감사하게도 잘 마무리되었지만, 저와는 관계없는 일처럼 여겨졌던 죽음이 어느 한순간에 닥칠 수도 있겠다는 것을 체험하는 아찔한 시간이었습니다.

그래서 저는 죽음이 우리 부부를 갈라놓기 전에 남편과 더 친밀하게 살고, 더 많이 사랑하며 사는 것이 무엇보다도 중요하다는 사실을 깨달아 남편과 죽음에 관한 대화를 시도하기로 마음먹었습니다.

저도 남편과 죽음으로 헤어질 때의 느낌을 쓴 사랑의
편지를 읽겠습니다.

사랑하는 당신에게!

당신과 헤어져서 다시 만날 수 없다고 생각했을 때
내 느낌은 천 길 낭떠러지 앞에서 오가지도 못할 때처럼
절망적인 느낌입니다.
언제까지라도 함께 할 거로 생각했는데, 미처 헤어질 준비도 없었을
당신이 얼마나 당황하고 아파할지를 생각하니
가슴이 먹먹합니다.

속정이 많아
제가 출근할 때면 슬그머니 나가서 자동차 덮개를 벗겨 주던 당신,
칭찬이 서툰 무뚝뚝한 당신이지만,
밖에서는 입이 마르도록 제 칭찬해주어
사랑 받고 있음에 행복했는데,
고맙다는 말 한번 제대로 하지 못했습니다.

제가 며칠만 집을 비워도
부모 잃은 아이처럼 어깨가 축 늘어지는 당신인데,
제가 떠난 후 당신의 그 어깨를
누가 따스하게 안으며 위로해 줄까요?

제가 없다고 끼니를 거르지는 않을지,
긴긴밤 외로움을 술로 달래지는 않을지
길가에 나뒹구는 낙엽을 볼 때처럼 서글픈 생각이 듭니다.

또 아이들이 혼인할 때 이런저런 준비를 해줘야 하는데
집안 살림해보지 않은 당신이 얼마나 당황하고, 또 결혼식
장에서 당신의 빈 옆자리가 얼마나 허전하고 시릴까요?

주변 사람들과 잘 어울리지 못하는 당신께
누가 다리 역할을 해 주며,
더 나이 들기 전에 해외여행 가자며 부푼 기대를 했는데,
이제는 누구와 함께 여행을 할 수 있을까요?

유난히 부부 동반 모임도 많은데
다른 부부들의 다정한 모습을 보면서
당신 혼자 한쪽 구석에서 의기소침해 있지는 않을지,
혼자 된 외로움에 뜨거운 눈물을 흘리지는 않을지,
비탄에 잠길 당신을 생각하니
차마 이 세상과 하직한다는 사실이 두렵습니다.

사랑하는 여보!
당신이 병 때문에 어려운 고비를 넘기는 걸 보면서
앞으로는 당신을 있는 그대로 이해하고
배려해 주겠다고 한 다짐을 실천하지 못하고,
왜 죽음을 눈앞에 두고서야 당신의 곁에 있는 행복함을 깨닫는지
당신께 미안한 마음 금할 길이 없습니다.

기준 없이 화를 낸다고, 따스한 마음으로 대해주지 않는다고
당신께 속 좁게 투정 했던 저의 잘못을 용서해 주세요.

이렇게 빨리 헤어질 줄 알았더라면
당신을 더 많이 배려하고 아껴줄 것을,
지금 와서 생각하니 일상의 모든 일들이 다 감사하고 사랑스러운데,
다시는 사랑하는 당신과 우리 아이들을 볼 수 없다고 생각하니
혼자서 캄캄한 교도소에 갇힌 듯
비통한 심정입니다.

사랑하는 아내로부터

저희는 사랑의 편지를 읽고 주체할 수 없는 슬픔에 가슴이 먹먹해서 한참 동안 아무 말도 하지를 못했습니다.

아무런 준비도 없이 갑자기 찾아온 죽음 앞에서 절망하며, 더 많이 사랑하지 못하고 불평만 하다가 소중한 시간을 낭비한 것이 안타깝다는 아내의 편지를 보며 애처로운 느낌이 들었습니다.

또 일상의 소소한 일들이 다 감사하고 사랑스러웠다는 아내에게 저의 급하고 어리석었던 행동들이 부끄러웠고, 좀 더 잘해 주지 못해서 미안한 마음이었습니다.

▶▶ 아내의 이야기

　자신의 급한 성격으로 인해 상처를 주고 눈물 흘리게
해서 미안하다는 남편의 진심 어린 편지를 보며, 선한 마
음을 가진 남편이 자기 행동 때문에 마음 아파하는 걸 보
니 넘어져서 울고 있는 아이를 볼 때처럼 안쓰러운 느낌
이 들었습니다.

　또 제가 챙겨주고 다독여 주어서 행복했다며 저를 만난
것이 행운이었다는 남편의 고백이 다행스러운 마음이었지
만, 사랑스러운 남편에게 정성을 다하지 못했음이 미안하
기도 했습니다.

 저희는 한참 동안 마음을 다스린 후에야 대화를 할 수 있었습니다. 저희는 느낌을 더욱 공감해 보고 싶어서 무겁고 안타까운 제 느낌보다는 느낌이 더 강한 아내의 절망적인 느낌으로 대화를 계속하기로 하였습니다.

 아내에게 절망적인 느낌의 강도가 어느 정도냐고 물으니 색깔로는 한 치 앞도 볼 수가 없는 검정이라고 하였고, 소리로는 고막을 찢는 듯한 천둥소리 같다고 하였습니다. 아내의 절망적인 느낌을 공감한 저는 가슴이 쓰리고 미어지는 듯 답답한 느낌이 들었습니다.

 혼자 남겨지게 되는 나를 걱정해서 아내가 이렇게 크게 절망하고 있다는 것을 알고 나니 지금이라도 가까이에서 친밀하게 대해 주고 또 관심을 두어야겠다고 생각했습니다.

 아내와 좀 더 많은 시간을 갖고, 서로 존중하는 마음으로 살아야겠다고 결심했습니다.

▶▶ 아내의 이야기

비록 죽음을 가정하고 나눈 편지였지만, 남편 없이 저 혼자서 외롭게 살아가야 한다고 생각하니 넓은 세상에 혼자 버려진 듯 서글픈 마음이었습니다.

그리고 남편이 늘 옆에 있어서 귀함과 감사함을 모르고 교만하게 천방지축 살아 소중한 날들을 모두 잃어버린 것처럼 아까운 생각도 들었습니다.

또한 저의 어리석음을 보면서도 표현하지 않고 너그럽게 이해해 주는 남편의 진실한 마음도 가슴 뭉클하게 느껴졌습니다.

저는 너무 늦기 전에 남편과 지금 더 친밀하게 살고 더 깊이 사랑할 수 있어서 하느님께 감사드렸고, 남편이 옆에 있을 때 더 많이 아껴주고 사랑하며 살아야겠다고 생각하니 평화롭고 행복한 느낌이었습니다.

우리는 세상을 살면서 모르는 것이 참 많습니다.
그래서 무지로부터 오는 어리석음이 많이 있어요.

누군가 바른길, 지혜가 있는 길을 먼저 경험하고
그 방법을 알려준다면 이웃들은 삶에서 실수가
조금은 적어질 수 있다는 생각입니다.

나를 알고 상대방을 안다면 백전백승이라는 말이 있듯이
우리 부부의 경험과 ME 교육 프로그램이 부부 행복의 길
로 이끌어주는 작은 지렛대의 역할이 되었으면 좋겠다는
생각입니다.

나와 배우자의 소통은 대화가 필요하며 그 대화를 어떻게
하는지 해답을 드립니다. 부부간의 사랑은 매일 밥을 먹듯
이 사랑하기로 결심하는 것입니다.
갈등이나 괴로움이 없는 가정은 행복한 가정입니다.

*이 책은 '우리 동네 영쌤' 보수과정 (전자책 만들고 작가 데뷔하기)으로 구립 시니어 행복 발전 센터에서 만든 결과물입니다.